O básico da FILOSOFIA

Nigel Warburton

O básico da FILOSOFIA

Tradução
Eduardo Francisco Alves

JOSÉ OLYMPIO
EDITORA

Título original em inglês
PHILOSOPHY: THE BASICS

EDITORA JOSÉ OLYMPIO LTDA.
Rua Argentina, 171 – 1º andar – São Cristóvão
20921-380 – Rio de Janeiro, RJ – República Federativa do Brasil
Tel.: (21) 2585-2060 Fax: (21) 2585-2086
Printed in Brazil / Impresso no Brasil

Atendemos pelo Reembolso Postal

ISBN 978-85-03-00917-1

Capa: Hybris Design / Isabella Perrotta

CIP-Brasil. Catalogação-na-fonte
Sindicato Nacional dos Editores de Livros, RJ.

W228b

Warburton, Nigel, 1962-
O básico da filosofia / Nigel Warburton; tradução Eduardo Francisco Alves. – Rio de Janeiro: José Olympio, 2008.

Tradução de: Philosophy: the basics
Inclui bibliografia e índice
ISBN 978-85-03-00917-1

1. Filosofia. I. Título.

08-4288

CDD – 100
CDU – 1

Para minha mãe

Sumário

Prefácio

Para esta terceira edição,* acrescentei breves seções a diversos capítulos, revisei outros, corrigi pequenos erros e atualizei as sugestões de leitura.

Gostaria de agradecer a todos que apresentaram comentários a esboços de vários capítulos ou que ajudaram de outras formas. Sou grato em particular a Alexandra Alexandri, Gunnar Arnason, Inga Burrows, Eric Butcher, Michael Camille, Simon Christmas, Lesley Cohen, Emma Cotter, Tim Crane, Sue Derry-Penz, Angie Doran, Adrian Driscoll, Goober Fox, Jonathan Hourigan, Rosalind Hursthouse, Paul Jefferis, John Kimbell, Robin Le Poidevin, Georgia Mason, Hugh Mellor, Alex Miller, Anna Motz, Penny Nettle, Alex Orenstein, Andrew Pyle, Abigail Reed, Anita Roy, Ron Santoni, Helen Simms, Jennifer Trusted, Phillip Vasili, Stephanie Warburton, Tessa Watt, Jonathan Wolff, Kira Zurawska e os leitores anônimos da editora.

Nigel Warburton
Oxford, 1998

*O autor refere-se à 3ª edição americana, de 1999, a partir da qual foi feita a tradução desta edição brasileira. (*N. da E.*)

Introdução

O que é filosofia? Esta é uma pergunta notoriamente difícil. Torna-se fácil respondê-la se dissermos que filosofia é o que os filósofos fazem, aludindo então aos textos de Platão, Aristóteles, Descartes, Hume, Kant, Russell, Wittgenstein, Sartre e outros filósofos famosos. Essa resposta, no entanto, talvez não se mostre muito útil caso você esteja começando no assunto, sem ter lido coisa alguma desses autores. E, ainda que tenha tal leitura, pode ser difícil dizer o que há em comum entre esses textos, se de fato existe uma característica relevante partilhada pelos filósofos. Outra resposta seria destacar que a palavra filosofia é derivada do grego e significa "amor pelo conhecimento". No entanto, isso é totalmente vago, e ajuda menos ainda do que dizer que filosofia é o que os filósofos fazem. São, então, necessários alguns comentários mais gerais sobre o que é filosofia.

Filosofia é uma atividade: é um modo de pensar sobre certos tipos de questões. Seu aspecto mais característico é o uso de argumentos lógicos. Filósofos costumam tratar dos assuntos a partir de argumentos: podem inventá-los ou criticar os de terceiros, ou ainda fazer as duas coisas. Também analisam e esclarecem conceitos. A palavra "filosofia" com freqüência é usada em sentido muito mais amplo do que este para significar a visão geral de alguém sobre a vida, ou então para referir-se a algumas formas de misticismo. Não usarei aqui a palavra nesse sentido mais amplo: meu objetivo é iluminar algumas das principais discussões em uma tradição de pensamento que começou com os antigos gregos e prosperou no século XX, predominantemente na Europa, América do Norte, Austrália e Nova Zelândia.

Quais as discussões dos filósofos dessa tradição? Eles geralmente examinam convicções que a maioria de nós toma como certas, ocupando-se com questões sobre o que poderia ser livremente chamado de "o sentido da vida": questões sobre religião, certo e errado, política, a natureza do mundo externo, a mente, a ciência, a arte e numerosos outros tópicos. Por exemplo, a maioria das pessoas leva a vida sem questionar suas crenças fundamentais, como a de que matar é errado. Mas por que é errado? Que justificativa existe para se dizer que matar é errado? É errado em qualquer circunstância? E o que quero dizer com "errado", afinal? Estas são questões filosóficas. Quando examinamos nossas convicções, acabamos descobrindo que algumas delas possuem fundamentos firmes, enquanto outras não. O estudo da filosofia nos ajuda não só a pensar claramente sobre nossos preconceitos, mas também a esclarecer precisamente aquilo em que de fato acreditamos. No processo, desenvolvemos capacidade de argumentação coerente sobre um vasto âmbito de questões — uma técnica útil e versátil.

A filosofia e sua história

Desde o tempo de Sócrates houve muitos grandes filósofos. Mencionei uns poucos em meu parágrafo inicial. Um livro de introdução à filosofia poderia abordar o tema historicamente, analisando em ordem cronológica as contribuições desses filósofos. Não é o que farei aqui. Em vez disso, usarei uma abordagem baseada em tópicos, concentrando-me em questões filosóficas particulares, em vez de ater-me à história. A história da filosofia é um tema importante e fascinante por seus próprios méritos, e muitos textos desses clássicos são também grandes obras da literatura, como os diálogos socráticos de Platão, as *Meditações*, de René Descartes, *Investigação sobre o entendimento humano,* de David Hume, *Assim falou Zaratustra*, de Friedrich Nietzsche, para ficar só com alguns exemplos. São obras que se destacam como atraentes peças literárias segundo qualquer padrão. Embora exista um grande valor no estudo da história da filosofia, meu objetivo aqui é proporcionar ao leitor ferramentas apropriadas à reflexão filosófica, mais que simplesmente expor o pensamento de grandes autores. Tais questões não são de interesse apenas para filósofos, mas são inerentes à condição humana, e muitas pessoas que nunca abriram um livro de filosofia pensam espontaneamente sobre elas.

Um estudo filosófico sério envolverá um misto das duas abordagens — histórica e por tópicos —, uma vez que, se desconhecemos os argumentos e os erros dos primeiros filósofos, não podemos esperar contribuir substancialmente para a matéria. Sem algum conhecimento de história, os filósofos jamais progrediriam: continuariam cometendo os mesmos enganos, sem a consciência de estarem repetindo-os. Além disso, muitos filósofos desenvolveram suas próprias teorias com base no que havia de errado na obra de filósofos mais antigos. No entanto, em um livro curto como este, é impossível fazer justiça à complexidade da obra de pensadores isolados. As leituras adicionais sugeridas ao final de cada seção podem ajudar a situar as questões discutidas aqui em um contexto histórico mais amplo.

Por que estudar filosofia?

Às vezes afirma-se que não faz sentido estudar filosofia, já que tudo que os filósofos fazem é ficar sentados em círculo sofismando sobre o significado das palavras. Jamais chegam à conclusão alguma e sua contribuição para a sociedade é nula. Ainda discutem os mesmos problemas que interessavam aos gregos antigos. A filosofia parece não mudar coisa alguma; deixa tudo do jeito que está.

Qual é o valor do estudo filosófico, afinal? Começar a questionar os pressupostos fundamentais de nossa vida pode até ser perigoso: podemos nos sentir paralisados pelo excesso de questionamentos. De fato, caricaturalmente, o filósofo é descrito como alguém brilhante para lidar com abstrações no conforto de uma poltrona na sala dos professores em Oxford ou Cambridge, mas um caso perdido para lidar com os aspectos práticos da vida; alguém que sabe explicar as passagens mais complicadas da filosofia de Hegel, mas que não consegue imaginar como se faz para cozinhar um ovo.

A vida examinada

Um bom motivo para estudar filosofia é que ela lida com questões fundamentais sobre o sentido de nossa existência. A maioria de nós em algum momento da vida se faz perguntas filosóficas básicas. Por que estamos aqui? Há alguma prova de que Deus existe? Nossa vida tem algum propósito? O que faz com que algo seja certo ou errado? Poderíamos algum dia ter uma justificativa para violar a lei? Nossa vida poderia ser apenas um sonho? A mente é diferente do corpo ou somos simplesmente seres físicos? Como a ciência progride? O que é a arte? E assim por diante.

A maioria das pessoas que estudam filosofia acredita que é importante que cada um de nós examine essas questões. Alguns até afirmam que não vale a pena levar uma vida não examinada.* Levar uma existência rotineira sem questionar os princípios sobre os quais se baseia essa existência pode ser comparado a dirigir um carro que nunca passa por uma revisão. Você pode confiar nos freios, no volante e no motor, uma vez que, até agora, sempre funcionaram muito bem; mas essa confiança pode ser em vão: as pastilhas dos freios podem estar gastas e prestes a falhar quando você mais precisar delas. Da mesma maneira, os princípios nos quais sua vida se baseia podem ser inteiramente sólidos, mas, enquanto você não os tiver examinado, não poderá ter certeza disso.

No entanto, mesmo que não duvide seriamente da solidez dos pressupostos sobre os quais repousa sua vida, você pode estar contribuindo para empobrecê-la à medida que

*Alusão à frase de Sócrates "A vida não examinada não vale a pena ser vivida". (*N. da E.*)

deixa de exercer sua capacidade de reflexão. Muita gente acha que é esforço demais ou que perturba questionar-se de modo tão fundamental: há quem se sinta feliz e confortável com suas idéias preconcebidas. Mas também há quem experimente um forte desejo de encontrar respostas para questões filosóficas desafiadoras.

Aprendendo a pensar

Outro motivo para estudar filosofia é que um dos efeitos é o aprendizado: passa-se a pensar mais claramente sobre um vasto âmbito de assuntos. Os métodos do pensamento filosófico podem ser úteis em grande número de situações, uma vez que, ao analisar os argumentos a favor e contra qualquer posição, aprendemos técnicas que podem ser transferidas para outras áreas da vida. Quem estuda filosofia passa a aplicar suas habilidades filosóficas em trabalhos tão diversos quanto advocacia, programação de computadores, consulta empresarial, serviço público e jornalismo — áreas em que a clareza de pensamento é um grande trunfo. Os filósofos também usam as percepções que adquirem sobre a natureza da existência humana quando voltam-se para as artes: muitos filósofos também tiveram sucesso como romancistas, críticos, poetas, cineastas e dramaturgos.

Prazer

Uma justificativa adicional para o estudo da filosofia é que, para muita gente, trata-se de uma atividade bastante prazerosa. Mas há algo a ser dito sobre esta defesa da filosofia. Seu perigo é que a atividade filosófica pode ser reduzida a algo como a solução de palavras cruzadas. Determinadas abordagens da matéria podem ser descritas assim, quando certos filósofos profissionais tornam-se obcecados com a solução de obscuros quebra-cabeças lógicos como um fim em si mesmo, publicando suas soluções em periódicos esotéricos. Em outro extremo, há filósofos trabalhando em universidades que se vêem como parte de um "negócio", divulgando o que muitas vezes é um trabalho medíocre simplesmente porque isso lhes permitirá "ir em frente" e alcançar promoções (para as quais conta o número de publicações). Tais "filósofos profissionais" sentem prazer em ver seu nome impresso e obviamente apreciam o aumento de salário e o prestígio que acompanham a promoção. Felizmente, boa parte da filosofia situa-se acima deste nível.

Filosofia é difícil?

Costuma-se afirmar que é difícil estudar filosofia. Há vários tipos de dificuldade associados a esse estudo, alguns evitáveis.

Em primeiro lugar, é verdade que boa parte dos problemas de que tratam os filósofos profissionais de fato exigem um nível bastante elevado de pensamento abstrato. No entanto, o mesmo vale para quase todo interesse intelectual: a esse respeito, a filosofia não é diferente da física, da crítica literária, dos programas de computador, da geologia, da matemática ou da história. Como em toda área de estudo, a dificuldade em dar contribuições originais substanciais à matéria não deveria ser usada como desculpa para negar às pessoas comuns o conhecimento de seus avanços nem para impedi-las de aprender seus métodos básicos.

Entretanto, existe um segundo tipo de dificuldade associado à filosofia que pode ser evitado. Os filósofos nem sempre são bons escritores. Muitos deles são extremamente fracos como divulgadores de suas idéias. Às vezes, isso ocorre porque se dirigem apenas a um público muito pequeno de leitores especializados, ou porque usam um jargão desnecessariamente complicado que confunde quem não é familiarizado com o tema. Termos especializados podem ser úteis para evitar a explicação de conceitos particulares a cada vez que são usados. No entanto, entre filósofos profissionais existe uma infeliz tendência a usar termos especializados pelos termos em si mesmos; muitos deles usam frases e expressões latinas, embora haja perfeitamente bons equivalentes na sua própria língua. Um parágrafo salpicado de palavras pouco familiares e de palavras familiares usadas de modo pouco familiares pode ser intimidante. Alguns filósofos parecem falar e escrever em uma linguagem que eles próprios inventaram. Isso pode fazer a filosofia parecer uma disciplina muito mais difícil do que na realidade é.

Neste livro, tentei evitar o uso do jargão desnecessário, explicando todos os termos pouco familiares à medida que avanço. Essa abordagem proporcionará ao leitor o vocabulário filosófico básico necessário para a compreensão de alguns dos textos filosóficos mais difíceis recomendados nas listas de leituras ao final de cada capítulo.

Os limites do que a filosofia pode fazer

Há estudantes de filosofia que nutrem expectativas infundadas diante dessa disciplina, desejando adquirir um quadro completo e detalhado da difícil condição humana. Acham que a filosofia lhes revelará o sentido da vida e lhes explicará cada faceta de nossa complexa existência. Ora, embora o estudo filosófico possa esclarecer questões fundamentais sobre nossa vida, não proporciona algo semelhante a um quadro completo, se é que tal quadro existe. Estudar filosofia não é uma alternativa a estudar arte, literatura, história, psicologia, antropologia, sociologia, política e ciência. Essas variadas disciplinas concentram-se em diferentes aspectos da vida humana e proporcionam outras perspectivas. Há aspectos da vida que desafiam qualquer análise filosófica, ou de qualquer tipo. É importante, portanto, não esperar demais da filosofia.

Como usar este livro

Já enfatizei que a filosofia é uma atividade. Então, este livro não deve ser lido passivamente. Mesmo que se memorizem os argumentos usados aqui, somente isso não seria aprender a filosofar, embora nos forneça um sólido conhecimento de muitos argumentos básicos utilizados por filósofos. O leitor ideal deste livro o lerá criticamente, questionando constantemente os argumentos usados e os contra-argumentando. Este livro tem a intenção de estimular o pensamento, não de ser uma alternativa a ele. Se você o ler criticamente, sem dúvida encontrará muita coisa das quais discordará e, no processo, esclarecerá suas próprias convicções.

Embora eu tenha tentado tornar todos os capítulos acessíveis a alguém que nunca estudou filosofia, alguns são mais difíceis do que outros. Considerações sobre a existência de Deus, bem como os argumentos dos dois lados da questão, serão familiares a boa parte dos leitores; assim, o capítulo sobre Deus deve ser relativamente fácil de acompanhar.

Por outro lado, poucos não-filósofos terão refletido em detalhes sobre alguns tópicos abordados no capítulo sobre o mundo externo e sobre a mente, bem como sobre as discussões mais abstratas do capítulo sobre certo e errado. Esses capítulos, em particular aquele sobre a mente, podem requerer uma leitura mais atenta. Recomendo que, no início, o leitor não se detenha sobre eles, mas volte depois às seções específicas que tiver achado interessantes em vez de avançar lentamente seção por seção, arriscando-se a ficar atolado nos detalhes sem obter um senso de como os diferentes argumentos se relacionam uns com os outros.

Há um tópico fundamental que este livro deixa de incluir: lógica. Preferi fazê-lo porque é uma área técnica demais para ser tratada satisfatoriamente em um livro com este escopo e estilo.

Os estudantes acharão a obra útil para consolidar o que aprenderam em palestras e conferências, bem como uma ajuda para escrever ensaios ou dissertações: para cada tópico, é oferecido um sumário das principais abordagens filosóficas juntamente com suas críticas, o que pode ser facilmente aproveitado como idéias para ensaios.

Leituras adicionais

Escolhi ser breve em minhas sugestões de leituras adicionais, recomendando obras apenas para o iniciante no estudo da filosofia.

Eu mesmo editei uma coletânea de artigos e extratos, *Philosophy: Basic Readings* (Londres: Routlege, 1999), projetada para complementar este livro, cuja estrutura é a mesma deste estudo. *Western Philosophy: An Anthology*, de John

Cottingham (org.) (Oxford: Blackwell, 1996), é uma seleção de leituras de orientação mais histórica.

What Does It All Mean?, de Thomas Nagel (Oxford: Oxford University Press, 1987), é uma breve e animada introdução aos estudos filosóficos. *The Great Philosophers*, de Bryan Magee (Oxford: Oxford University Press, 1987), é uma boa introdução à história da filosofia. Consiste em conversações com vários filósofos atuais sobre os grandes filósofos do passado e é baseado na série de televisão do mesmo nome, da BBC. *The British Empiricists*, de Stephen Priest (Londres: Penguin, 1990), resume de modo didático os pontos de vista dos mais importantes filósofos britânicos, do século XVII a meados do século XX. *Uma breve história da filosofia moderna*, de Roger Scruton (Rio de Janeiro: José Olympio, 2008), é um breve levantamento de Descartes a Wittgenstein. Meu livro *Philosophy: The Classics* (Londres: Routledge, 1998) concentra-se em vinte obras de referência, desde a *República*, de Platão, às *Investigações filosóficas*, de Wittgenstein.

A Dictionary of Philosophy, de Antony Flew (org.) (Londres: Pan, 1979), é útil para referência, tal como *A Dictionary of Philosophy*, de A. R. Lacey (Londres: Routledge, 1976). *Compêndio de filosofia*, de Nicholas Bunnin e E. P. Tsui-James (orgs.) (São Paulo: Loyola, 2002), oferece úteis introduções a temas fundamentais da filosofia e uma seleção de pensadores de grande importância. Se você tiver acesso a uma boa biblioteca, por certo vale a pena consultar *The Routledge Encyclopedia of Philosophy* (Londres: Routledge, 1998), que traz verbetes detalhados e atualizados sobre todos os temas filosóficos centrais.

Para os interessados nos métodos filosóficos de argumentação, existem inúmeros livros relevantes, incluindo o meu *Pensando de A a Z*;* e *A Rulebook for Arguments*, de Anthony Weston (Indianapolis: Hackett, 1992); *A lógica dos verdadeiros argumentos*, de Alec Fisher (São Paulo: Novo Conceito, 2008). Mais dois livros sobre este tópico, ambos fora de catálogo, mas que podem estar disponíveis em bibliotecas, são *Thinking about Thinking*, de Anthony Flew (Londres: Fontana, 1975), e *Straight and Crooked Thinking*, de Robert H. Thouless (Londres: Pan, 1974).

Sobre o tema da clareza da linguagem e sua importância, o ensaio de George Orwell "Politics and the English Language", em *The Penguin Essays of George Orwell* (Londres: Penguin, 1990), vale a pena ser lido. Para conselhos práticos nessa área, experimente *The Complete Plain Words*, de Ernest Gowers (Londres: Penguin, 1962), e *Plain English*, de Diané Collinson, Gillian Kirkup, Robin Kyd e Lynne Slocombe (Milton Keynes: Open University Press, 1992), ambos excelentes.

A Open University oferece uma série de cursos de filosofia a distância. Para mais informações consulte www.open.ac.uk ou escreva para Course Enquiry Service, The Open University, FREEPOST,** PO Box 625, Milton Keynes, MK7 6AA, Inglaterra.

---

*A ser publicado em breve pela editora José Olympio. (*N. da E.*)

**Fraqueado, livre de taxas. (*N. da E.*)

Capítulo 1

Deus

Deus existe? Esta é uma pergunta fundamental sobre a qual todos paramos para pensar em algum momento de nossa vida. A resposta afeta não somente a maneira como nos comportamos, mas também o modo como compreendemos e interpretamos o mundo e o que esperamos para o futuro. Se Deus existe, há um propósito para a vida humana, e podemos até ter esperança de vida eterna. Se não, é preciso criar por nós mesmos algum sentido para nossa vida: nenhum sentido com origem exterior será dado a ela, e a morte é provavelmente definitiva.

Quando consideram a religião, os filósofos costumam examinar os vários argumentos apresentados a favor e contra a existência de Deus — tanto as evidências quanto a estrutura e a implicação de cada argumento. Examinam igualmente conceitos como fé e crença para comprovar se há algum sentido no que as pessoas falam sobre Deus.

O ponto de partida para boa parte da filosofia da religião é uma doutrina mais geral sobre a natureza de Deus conhecida como teísmo. É o ponto de vista segundo o qual existe um Deus onipotente (capaz de fazer qualquer coisa), onisciente (conhece tudo) e benevolente (supremamente bom). Em geral, é a visão sustentada por cristãos, judeus e muçulmanos. Aqui, vou me concentrar na visão cristã de Deus, embora a maioria dos argumentos se aplique igualmente a outras religiões teístas e alguns sejam relevantes para qualquer religião.

Porém, esse Deus descrito pelos teístas de fato existe? Podemos provar que sim? Há muitos argumentos diferentes para provar a Sua existência. Considerarei os mais importantes neste capítulo.

O Argumento do Desígnio

Um dos argumentos usados com mais freqüência para afirmar a existência de Deus é o Argumento do Desígnio, também conhecido como Argumento Teleológico (da palavra grega "*telos*", que significa "propósito").* Este afirma que, se olharmos para o mundo natural à nossa volta, não poderemos deixar de notar como tudo nele se adequa à função que executa: tudo traz a evidência de ter sido projetado para um fim. Supõe-se portanto que isso demonstra a existência de um Criador. Se, por exemplo, examinarmos o olho humano, veremos como suas mínimas partes se encaixam, cada parte inteligentemente adequada àquilo para o que foi feita: ver.

Defensores do Argumento do Desígnio, como William Paley (1743-1805), alegam que a complexidade e a eficiência

*A rigor, "longe", "afastado", "distante", mas aqui, por extensão, "mais à frente", "projetado para o futuro", "no fim", "em finalidade" (*N. do T.*)

de objetos naturais, como o olho, são evidência de que devem ter sido criados por Deus. De que outra maneira poderiam ter vindo a ser como são? Assim como ao olhar para um relógio podemos dizer que foi projetado por um relojoeiro, assim também, afirmam, podemos dizer, examinando o olho, que foi feito por alguma espécie de Relojoeiro Divino. É como se Deus tivesse deixado sua marca registrada em todos os objetos que fez.

Trata-se de um argumento que obtém, a partir de um efeito, a causa: olhamos para o efeito (o relógio ou o olho) e, por seu exame, nos arriscamos a dizer o que o causou (um relojoeiro ou um Relojoeiro Divino). Ele se apóia na idéia de que um objeto projetado, como um relógio, assemelha-se de certa forma a um objeto natural, como o olho. Esse tipo de argumento, baseado na semelhança, é conhecido como argumento por analogia: baseia-se no princípio de que, se duas coisas são semelhantes em alguns aspectos, muito provavelmente serão semelhantes em outros.

Os que aceitam o Argumento do Desígnio nos dizem que, para qualquer lugar que olharmos, particularmente no mundo natural — seja para árvores, colinas, animais, estrelas ou o que for —, podemos encontrar ainda mais confirmações da existência de Deus. E, porque essas coisas são muito mais engenhosamente construídas do que um relógio, o Relojoeiro Divino deve ter sido correspondentemente mais inteligente do que o relojoeiro humano. De fato, o Relojoeiro Divino deve ter sido tão poderoso e tão inteligente que faz sentido aceitar que ele era Deus, como tradicionalmente entendido pelos teístas.

Existem, no entanto, fortes argumentos contra o Argumento do Desígnio, a maioria levantada pelo filósofo

David Hume (1711-1776) em seus póstumos *Diálogos sobre a religião natural* e na Seção XI de seu livro *Investigação sobre o entendimento humano.*

Críticas ao Argumento do Desígnio

Fraqueza da analogia

Uma objeção ao argumento que acaba de ser apresentado é que ele se baseia em uma analogia fraca, tomando como certa a existência de uma semelhança significativa entre objetos naturais e objetos que sabemos terem sido projetados. Mas não é óbvio que, para voltar a usar o mesmo exemplo, o olho humano seja realmente como um relógio em algum aspecto importante. Argumentos por analogia baseiam-se na asserção de uma forte semelhança entre dois elementos.* Se a semelhança for fraca, então as conclusões que poderiam ser tiradas com base em uma comparação serão correspondentemente fracas. Assim, por exemplo, um relógio de pulso e um de bolso são suficientemente semelhantes para que possamos admitir que ambos foram projetados por relojoeiros. Embora exista alguma semelhança entre um relógio e um olho — ambos são mecanismos intricados e cumprem suas funções particulares —, trata-se de uma semelhança apenas vaga, e quaisquer conclusões baseadas na analogia serão, em resultado, correspondentemente vagas.

*Embora a figura do relógio e do relojoeiro tenham entrado em cena, sem dúvida, para enfatizar o caráter do olho como um *mecanismo*, o Argumento do Desígnio originalmente usava uma analogia diversa: equiparava o olho humano a uma lente fotográfica. Contra esta analogia (embora bem melhor do que a do relógio) levantaram-se também as mesmas objeções que estão sendo agora apresentadas. (*N. do T.*)

Evolução

A existência de um Relojoeiro Divino não é a única explicação possível para a adaptação de animais e plantas a suas funções. Em particular, a teoria de Charles Darwin (1809-1882) da evolução por seleção natural, explicada em seu livro *A origem das espécies* (1859), fornece ao fenômeno uma explicação alternativa amplamente aceita. Darwin mostrou como, por um processo de sobrevivência dos mais bem adaptados, os animais e plantas mais adequados a seu meio ambiente viveram para passar adiante suas características a seus descendentes. Cientistas posteriores conseguiram explicar o mecanismo da evolução em termos da herança genética. Este processo explica como adaptações tão maravilhosas ao meio ambiente como as que são encontradas nos reinos animal e vegetal puderam ocorrer sem a necessidade de introduzir a noção de Deus.

É claro que a teoria darwiniana da evolução de nenhum modo *refuta* a existência de Deus — de fato, muitos cristãos aceitam-na como a melhor explicação de como plantas, animais e seres humanos chegaram a ser como são: eles acreditam que o próprio Deus criou o mecanismo da evolução. Entretanto, a teoria de Darwin enfraquece o Argumento do Desígnio, uma vez que explica os mesmo efeitos sem qualquer menção a Deus como causa. Como resultado, a teoria sobre o mecanismo de adaptação biológica impede o Argumento do Desígnio de ser uma prova conclusiva da existência de Deus.

Limitações à conclusão

Se, apesar das objeções até agora mencionadas, você não encontra falhas no Argumento do Desígnio, deveria observar que ele não prova a existência de um Deus único, onipotente, onisciente e benevolente. Um exame mais atento mostra que a idéia é limitada em diversos aspectos.

Primeiro, o argumento é completamente incapaz de servir de apoio ao monoteísmo — crença em apenas um Deus. Ainda que se aceite que o mundo mostra claros indícios de ter sido feito com um propósito, não há motivo para acreditar que foi tudo projetado por um só Deus. Por que não poderia ter sido projetado por uma equipe de deuses menores trabalhando juntos? Afinal, se equipes inteiras são responsáveis por construções humanas complexas e de grande escala, como arranha-céus, pirâmides, foguetes espaciais e assim por diante, então com certeza, levando a analogia à sua conclusão lógica, ela nos conduzirá à crença de que o mundo foi projetado por um grupo de deuses trabalhando em conjunto.

Segundo, o argumento não corrobora necessariamente o ponto de vista de que o projetista (ou os projetistas) era(m) onipotente(s). Poderia-se argumentar que o universo tem um bom número de "falhas de projeto": por exemplo, o olho humano tem tendência à miopia e à catarata na velhice — dificilmente se poderia dizer que isso é a obra de um Criador onipotente desejoso de criar o melhor mundo possível. Tais observações dão a entender que o Projetista do universo, longe de ser onipotente, foi um deus, ou deuses, de comparativa fraqueza, ou talvez um jovem deus fazendo experiências com seus poderes. Talvez o Projetista tenha morrido logo depois de criar o universo, deixando-o à própria sorte. O Argumento do Desígnio fornece tantas evidências para estas conclusões quanto para a existência do Deus descrito pelos teístas. Sozinho, o Argumento do Desígnio não pode provar a existência do Deus dos teístas, apenas a de algum tipo de deus inespecífico.

Finalmente, sobre benevolência e onisciência, é idéia comum que o mal que há no mundo — a crueldade humana, assassinatos e torturas, sofrimentos causados por desastres naturais, doenças — atesta contra um deus com essas qualidades. Se, como o Argumento do Desígnio sugere, devemos olhar à nossa volta para ver a evidência da obra de Deus, muita gente vai achar difícil aceitar que o que vêem é ação de um Criador benevolente. Um Deus onisciente saberia que o mal existe; um Deus onipotente seria capaz de impedi-lo de ocorrer; e um Deus benevolente não ia desejar que ele existisse. Mas o mal existe. Esse sério desafio à crença no Deus dos teístas foi muito discutido por filósofos. É conhecido como o Problema do Mal. Em uma seção posterior nós o examinaremos mais detidamente, bem como as diversas soluções propostas para seu fim. Menciono-o aqui porque pode nos precaver contra as alegações de que o Argumento do Desígnio fornece prova conclusiva da existência de um Deus supremamente bom.

Como se pode ver por esta discussão, o Argumento do Desígnio só pode nos proporcionar, no melhor dos casos, a muito limitada conclusão de que o mundo foi projeto de algo ou alguém. Ir além disto seria exceder o que se pode concluir logicamente a partir do argumento.

O Princípio Antrópico

Apesar dos fortes argumentos contra o Argumento do Desígnio, alguns pensadores recentes tentaram defender uma variante dele, conhecida como Princípio Antrópico. Este é o ponto de vista de que a sobrevivência e o desenvolvimento humano eram possibilidades tão mínimas que o mundo só pode ser obra de um arquiteto divino. Segundo esse argumento, o fato de que seres humanos evoluíram e sobreviveram nos fornece uma boa prova da existência de Deus. Deus deve ter controlado as condições físicas em nosso universo, aprimorando-as para que exatamente este tipo de forma de vida evoluísse. A idéia é favorecida por pesquisas científicas que indicam o âmbito limitado de condições iniciais adequadas para um universo em que a vida pudesse de todo se desenvolver.

Crítica ao Princípio Antrópico

A Objeção da Loteria

Existe uma importante objeção ao Argumento do Princípio Antrópico. Imagine que você comprou um bilhete para uma loteria federal. Existem, talvez, muitos milhões de bilhetes, mas só um ganhará. É estatisticamente muito improvável que você ganhe. Mas é possível. Se você ganhar, no entanto, trata-se simplesmente de sorte: ser escolhido dentre todos aqueles milhões de bilhetes não é resultado de algo mais que acaso. Você poderia, sendo supersticioso, enxergar todo tipo de significados no fato de ter ganhado na loteria. Mas algo que é estatisticamente improvável ainda continua possível. O erro que cometem os defensores do Princípio Antrópico é presumir que, quando acontece algo improvável, deve haver para isso uma explicação extra mais plausível. Nossa presença no mundo pode ser adequadamente explicada sem o recurso a causas sobrenaturais. É muito natural estarmos em um universo onde as condições eram exatas para que surgissem seres de nossa espécie, uma vez que não haveria qualquer chance de surgirmos em outra parte. Então, o fato de que estamos aqui não pode ser tomado como prova de desígnio de Deus. Além do mais, o Princípio Antrópico também é vulnerável a uma série de críticas às versões tradicionais do Argumento do Desígnio delineadas anteriormente.

O Argumento da Causa Primeira

O Argumento do Desígnio e sua variante, o Princípio Antrópico, baseiam-se na observação direta do mundo. Como tal, são o que os filósofos chamam de argumentos empíricos. Em contraste, o Argumento da Causa Primeira, às vezes conhecido como Argumento Cosmológico, apóia-se apenas no fato empírico de que o universo existe, e não em quaisquer fatos particulares sobre como ele é.

O Argumento da Causa Primeira afirma que tudo foi causado por alguma outra coisa que lhe é anterior: nada brota para a existência sem uma causa. Porque sabemos que o universo existe, podemos pressupor com segurança que toda uma série de causas e efeitos está por trás de seu surgimento. Se investigarmos, podemos descobrir uma causa original, a primeiríssima (ou o primeiro motor). Essa primeira causa, assim nos diz o Argumento da Causa Primeira, é Deus.

No entanto, assim como se dá com o Argumento do Desígnio, existe um grande número de críticas a ele.

Críticas ao Argumento da Causa Primeira

Autocontraditório

O Argumento da Causa Primeira começa com a pressuposição de que cada coisa isolada foi causada por alguma outra, mas logo se contradiz, afirmando que Deus foi a primeiríssima causa; e que existe uma causa não-causada: Deus. Isso sugere a pergunta: "E o que causou Deus?"

Alguém convencido pelo Argumento da Causa Primeira poderia objetar que não se havia sugerido que *tudo* tinha uma causa, apenas que tudo, exceto Deus, tinha uma causa. Mas isso não melhora a situação. Se a série de efeitos e causas vai parar em algum ponto, por que deve parar em Deus? Por que não pode parar mais cedo na regressão, com o surgimento do próprio universo?

Não é prova

O Argumento da Causa Primeira pressupõe que efeitos e causas não teriam a possibilidade de recuar para sempre no que é chamado de um regresso infinito: uma série incessante recuando no tempo. Ele pressupõe que houve uma causa primeira que deu origem a todas as outras coisas. Mas deve ter sido realmente assim?

Se usássemos um argumento semelhante sobre o futuro, pressuporíamos que haveria algum efeito final, que não seria causa de coisa alguma. Mas, embora seja de fato difícil de imaginar, parece plausível pensar em causas e efeitos projetando-se infinitamente, assim como não existe um número mais elevado que todos, porque sempre podemos adicionar um a qualquer número. Se é de todo possível a existência de uma série infinita, por que, então, os efeitos e as causas não poderiam estender-se infinitamente pelo passado?

Limitações à conclusão

Mesmo que essas duas críticas ao argumento pudessem ser rebatidas, ele não prova que a causa primeira é o Deus descrito pelos teístas. Assim como vimos com o Argumento do Desígnio, há sérias limitações ao que se pode concluir a partir do Argumento da Causa Primeira.

Primeiro, é verdade que a causa primeira deve ter sido extremamente poderosa, a fim de criar e pôr em movimento a série de causas e efeitos que resultou no universo inteiro tal como o conhecemos. Então poderia haver alguma justificativa para sustentar que o argumento demonstra a existência de um Deus muito poderoso, se não onipotente.

Mas o argumento não apresenta qualquer prova a favor da existência de um Deus que seja onisciente ou benevolente. Nenhum desses atributos seria necessário a uma causa primeira. E, como no Argumento do Desígnio, um defensor do Argumento da Causa Primeira ainda teria de lidar com o problema de como um Deus onipotente, onisciente e benevolente pode tolerar o mal que existe no mundo.

O Argumento Ontológico

O Argumento Ontológico é muito diferente dos dois argumentos anteriores para a existência de Deus, pois deixa de se apoiar em evidências. O Argumento do Desígnio, como vimos, depende de evidências sobre a natureza do mundo; o Argumento da Causa Primeira requer menos evidências, baseando-se apenas na observação de que algo existe, em vez de nada. O Argumento Ontológico, no entanto, é uma tentativa de mostrar que a existência de Deus parte necessariamente da definição de Deus como o ser supremo. Como essa conclusão é alcançada *antes* da experiência, ele é conhecido como um argumento *a priori*.

De acordo com o Argumento Ontológico, Deus é definido como o ser imaginável mais perfeito; ou, na famosíssima formulação do argumento, dada por Santo Anselmo (1033-1109), como "aquele ser do qual nada maior pode ser concebido". Um dos aspectos dessa perfeição ou grandeza acredita-se ser a existência. Um ser perfeito não seria perfeito se não existisse. Conseqüentemente, da definição de Deus, supõe-se que ele ou ela necessariamente existe, tal como segue-se da definição de um triângulo cuja soma dos ângulos internos será 180 graus.

Este argumento, que foi usado por diversos filósofos, incluindo René Descartes (1596-1650) na quinta de suas *Meditações*, convenceu muito pouca gente da existência de Deus, mas não é fácil perceber sua inconsistência.

Críticas ao Argumento Ontológico

Conseqüências absurdas

Uma crítica comum ao Argumento Ontológico é que parece nos fazer crer na existência de todo tipo de coisas por meio de uma definição. Por exemplo, podemos muito facilmente imaginar uma ilha perfeita, com uma praia perfeita, vida silvestre perfeita, e assim por diante, mas disso não resulta que essa ilha perfeita de fato exista em algum lugar. Então, como o Argumento Ontológico parece justificar conclusão tão ridícula, pode-se ver facilmente que é um mau argumento. Ou a estrutura do argumento deve ser defeituosa, ou então pelo menos um de seus pressupostos iniciais deve ser falso; se não, dele não decorreriam conseqüências tão obviamente absurdas.

Um defensor do Argumento Ontológico poderia muito bem replicar a essa objeção que, embora seja absurdo pensar que da definição conclui-se a existência de uma ilha perfeita, não é absurdo aplicar o raciocínio a Deus. Isto porque ilhas perfeitas, ou carros perfeitos, dias perfeitos ou o que for, são apenas exemplos de tipos particulares de coisas. Mas Deus é um caso especial: Deus não é só um exemplo perfeito de um tipo de coisa, mas a mais perfeita de todas elas.

Entretanto, mesmo que esse argumento implausível seja aceito, existe uma crítica adicional ao Argumento Ontológico feita originalmente por Immanuel Kant (1724-1804), que algum defensor terá de rebater.

Existência não é uma propriedade

Um homem solteiro pode ser definido como aquele que não é casado. Não ser casado é a propriedade definidora *essencial* de um solteiro. Ora, se eu digo "solteiros existem", não estou dando aos solteiros uma propriedade a mais. Sua existência não equivale à propriedade de não ser casado: para alguém não ser casado precisa primeiro existir, embora o conceito de um solteiro permaneça o mesmo, quer solteiros por acaso existam ou não.

Se aplicarmos o mesmo pensamento ao Argumento Ontológico, vemos que seu erro é tratar a existência de Deus como mais uma propriedade, como onisciência, ou onipotência. Mas Deus não poderia ser onisciente ou onipotente sem existir; sendo assim, ao dar uma definição completa de Deus, já estamos reconhecendo que ele ou ela existe. Relacionar a existência como mais uma propriedade essencial de um ser perfeito é cometer o erro de tratar a existência como uma propriedade, em vez de uma condição prévia essencial para que algo possua qualquer propriedade.

Mas, e quanto a seres ficcionais, como unicórnios? Certamente podemos falar sobre as propriedades de um unicórnio, tais como o chifre e as quatro pernas, sem que unicórnios tenham que de fato existir. Uma frase como "Unicórnios têm um chifre" equivale a "Se unicórnios existissem, eles teriam um único chifre". Em outras palavras, "Unicórnios têm um chifre" é na realidade uma afirmação hipotética. Então, a inexistência de unicórnios não é um problema para a concepção de que existência não é propriedade.

Mal

Mesmo que se aceite o Argumento Ontológico, ainda há muitas evidências de que pelo menos um aspecto de sua conclusão é falso. A presença do mal no mundo parece se opor à idéia de que Deus é benevolente. Trato das possíveis respostas a esta questão na seção sobre o Problema do Mal.

Conhecimento, prova e existência de Deus

Os argumentos para a existência de Deus considerados até agora foram todos, ocasionalmente, apresentados como *provas*. Espera-se deles que transmitam o conhecimento da existência de Deus.

Conhecimento, nesse contexto, pode ser definido como uma espécie de crença verdadeira, justificada. Para termos conhecimento de que Deus existe, teria de ser verdade que Deus de fato existe. Mas nossa crença de que Deus existe também teria de ser justificada: teria de ser baseada no tipo certo de evidência. Há crenças verdadeiras, porém injustificadas: por exemplo, eu posso acreditar que é terça-feira, porque olhei o cabeçalho do que acredito ser o jornal de hoje. Mas na verdade eu estava olhando um jornal velho que por acaso saiu em uma terça-feira. Embora eu acredite que é terça-feira (o que de fato é), não adquiri minha convicção de um modo confiável, uma vez que eu poderia, com igual facilidade, ter me deparado com um jornal velho que teria me convencido de que era quinta-feira. Isso significa que eu não tinha realmente o conhecimento, embora achasse que sim.

Todos os argumentos a favor da existência de Deus que examinamos até aqui estavam abertos a um grande número de objeções. Se essas objeções são válidas ou não, cabe ao leitor decidir. Certamente as objeções hão de levantar dúvidas sobre se esses argumentos podem ou não ser considerados *provas* da existência de Deus. Mas será que poderíamos ter o conhecimento — aquele tipo de convicção verdadeira, justificada — de que Deus *não* existe? Em outras palavras, haveria argumentos que refutassem conclusivamente a existência do Deus descrito pelos teístas?

Existe de fato pelo menos um argumento muito forte contra a existência de um Deus benevolente, um argumento que já mencionei como uma crítica aos Argumentos do Desígnio, Ontológico e da Causa Primeira. É o chamado Problema do Mal.

O Problema do Mal

Não podemos negar que existe mal no mundo. Pense só no Holocausto, nos massacres de Pol Pot, no Camboja, ou na prática difundida da tortura. Estes são todos exemplos de mal ou crueldade moral: seres humanos infligindo sofrimento a outros seres humanos, seja lá por que motivo. A crueldade também é infligida com freqüência a animais. Existe também um tipo diferente de mal, conhecido como mal natural ou metafísico: terremotos, doenças e surtos de fome são exemplos desse tipo de mal.

O mal natural tem causas naturais, embora ele possa ser piorado por incompetência ou descuido humano. "Mal" pode não ser a palavra mais adequada para descrever esses fenômenos naturais que dão origem ao sofrimento humano, porque a palavra é geralmente usada para se referir à crueldade deliberada. No entanto, quer o rotulemos "mal natural" ou escolhamos outro nome para lhe dar, a existência de males como doenças e desastres naturais deve ser levada em conta se quisermos manter a crença em um Deus benevolente.

Em vista da existência de tantos males, como pode alguém acreditar na existência de um Deus benevolente? Um Deus onisciente saberia que o mal existe; um Deus onipotente seria capaz de impedi-lo de ocorrer; um Deus benevolente não ia querer que ele existisse. Mas o mal continua a existir. Esse é, portanto, o Problema do Mal: o problema de explicar como os supostos atributos de Deus podem ser compatíveis com esse fato inegável que é o mal. Esta é a contestação mais séria à crença no Deus dos teístas. O Problema do Mal levou muita gente a rejeitar totalmente a crença em Deus, ou pelo menos a rever sua opinião sobre a suposta benevolência, onipotência ou onisciência de Deus.

Os teístas sugeriram várias soluções para o Problema do Mal, três das quais consideraremos aqui.

Tentativas de solucionar o Problema do Mal

Santidade

Houve quem afirmasse que a presença do mal no mundo, longe de ser boa em si, é justificável porque leva a uma maior bondade moral. Sem pobreza e doença, por exemplo, a grande bondade moral de Madre Tereza de Calcutá, ajudando os necessitados, não teria sido possível. Sem guerra, tortura e crueldade, nem santos nem heróis poderiam existir. O mal permite o bem supostamente maior deste tipo de triunfo sobre o sofrimento humano. No entanto, essa solução fica aberta a pelo menos duas objeções. Primeiro, o grau e a medida de sofrimento são muito maiores do que seria necessário para permitir que santos e heróis executem suas ações de grande bondade moral. É extremamente difícil justificar as mortes horrendas de vários milhões de pessoas em campos de concentração nazistas com esse argumento. Além disso, boa parte desse sofrimento passa despercebido e sem ser registrado. Em alguns casos, o indivíduo sofredor é a única pessoa capaz de aperfeiçoamento moral nessa situação, e seria altamente improvável que esse progresso ocorresse em casos de dor extrema.

Segundo, não é óbvio que um mundo no qual existe grande mal seja preferível a um mundo em que houvesse menos mal e, como resultado, menos santos e heróis. De fato, existe algo ofensivo, por exemplo, em tentar justificar a agonia de uma criança pequena morrendo de uma doença incurável, afirmando que isto permite aos que testemunham esse fato tornar-se pessoas moralmente melhores. Um Deus benevolente realmente usaria esses métodos para ajudar nosso desenvolvimento moral?

Analogia artística

Há a alegação de que existe uma analogia entre o mundo e uma obra de arte. A harmonia geral em uma peça musical geralmente envolve dissonâncias que são subseqüentemente resolvidas; uma pintura tem tipicamente amplas áreas de pigmentação mais escura e outras mais claras. De modo semelhante, assim diz o argumento, o mal contribui para a harmonia ou beleza geral do mundo. Essa opinião também está aberta a pelo menos duas objeções.

Primeiro, ela é simplesmente difícil de se acreditar. Por exemplo, é difícil entender como se pode afirmar que alguém morrendo em agonia, em uma cerca de arame farpado, em uma terra de ninguém na Batalha do Somme, esteja contribuindo para a harmonia geral do mundo. Se a analogia com uma obra de arte realmente explica por que Deus permite tanto mal, isto é quase uma admissão de que o mal não pode ser satisfatoriamente explicado, uma vez que a sua compreensão é situada muito além do alcance humano. Somente do ponto de vista de Deus é que essa harmonia poderia ser observada e apreciada. Se isso é o que os teístas querem dizer quando declaram que Deus é benevolente, sua noção de "bem" é muito diferente da nossa noção habitual.

Segundo, um Deus que permite tanto sofrimento para fins meramente estéticos — a fim de apreciá-lo do modo como se aprecia uma obra de arte — parece mais um sádico do que a divindade benevolente descrita pelos teístas. Se esse é o papel que o sofrimento desempenha, Deus estaria constrangedoramente próximo do psicopata que joga uma bomba em uma multidão a fim de admirar as belas formas criadas pela explosão e pelo sangue. Para muitos, a analogia entre uma obra de arte e o mundo teria mais sucesso como um argumento contra a benevolência de Deus do que a favor dela.

A Defesa do Livre-Arbítrio

De longe a tentativa mais importante de uma solução para o Problema do Mal é a chamada Defesa do Livre-Arbítrio, segundo a qual Deus dotou os seres humanos de capacidade de escolha. Se não tivéssemos livre-arbítrio, seríamos como robôs, ou autômatos, sem qualquer poder de decisão pessoal. Os que aceitam a Defesa do Livre-Arbítrio afirmam ser o mal uma conseqüência necessária da liberdade de escolha; caso contrário, não seria de fato livre-arbítrio. Afirmam que um mundo em que os seres humanos possuem essa escolha, o que às vezes leva ao mal, é preferível a um mundo em que a ação humana é predeterminada, um mundo no qual seríamos como robôs, programados apenas para realizar boas ações. De fato, se fôssemos pré-programados desse modo, não poderíamos nem mesmo chamar nossas ações de moralmente boas, uma vez que a bondade moral depende da opção que fazemos. De novo, há várias objeções a essa proposta.

Críticas à Defesa do Livre-Arbítrio

Dois pressupostos

O principal pressuposto da Defesa do Livre-Arbítrio é que um mundo onde ele exista e haja a possibilidade do mal é preferível a um mundo de pessoas semelhantes a robôs programados para fazer o bem. Mas seria de fato assim? O sofrimento pode ser tão doloroso que sem dúvida muita gente, dada a escolha, iria preferir que o fosse. Esses seres pré-programados poderiam até ser projetados para acreditarem ter livre-arbítrio, embora não o tivessem; poderiam ser mantidos na ilusão do livre-arbítrio, com todos os benefícios de se crer livres, mas sem nenhum dos reveses.

Isto nos leva ao segundo pressuposto da Defesa do Livre-Arbítrio, o de que realmente o temos, e não apenas a ilusão dele. Algum psicólogos acreditam que podemos explicar cada decisão ou escolha tomando como referência algum condicionamento antigo que o indivíduo tenha sofrido, de forma que, embora o indivíduo possa se sentir livre, sua ação é na verdade inteiramente determinada pelo passado. Não podemos saber com certeza se não é este o caso.

Entretanto, deve-se destacar em favor da Defesa do Livre-Arbítrio que a maioria dos filósofos acredita que temos livre-arbítrio em alguma medida, e que este seria um dos traços definidores do ser humano.

Livre-Arbítrio sem o mal

Sendo onipotente, Deus teria o poder de criar um mundo em que houvesse livre-arbítrio, mas isento do mal. Na verdade, esse não é um mundo particularmente difícil de se imaginar. Embora o livre-arbítrio sempre inclua a possibilidade do mal, não há motivo para que chegue a existir. É possível ter livre-arbítrio ao mesmo tempo que se decide interromper o curso de algum mal.

Os que aceitam a Defesa do Livre-Arbítrio provavelmente responderiam que semelhante estado de coisas não consistiria em livre-arbítrio legítimo. Isto fica aberto ao debate.

Deus poderia intervir

Os teístas acreditam que Deus pode e de fato intervém no mundo, basicamente realizando milagres. Se Deus intervém às vezes, por que escolhe fazer o que pode parecer a um descrente "truques" relativamente menores, tais como produzir estigmas (marcas nas mãos das pessoas, como os buracos de pregos nas mãos de Cristo) ou transformar água em vinho?

Por que Deus não interveio para impedir o Holocausto, ou toda a Segunda Guerra Mundial, ou a epidemia de aids?

Mais uma vez, os teístas respondem que tal intervenção negaria o livre-arbítrio. Mas isto seria abandonar um aspecto da crença da maioria dos teístas em Deus: a ocorrência esporádica de intervenção divina.

Não explica o mal natural

Uma crítica importante à Defesa ao Livre-Arbítrio é que ela, na melhor das hipóteses, só pode justificar a existência do mal moral, isto é, o mal causado diretamente por seres humanos. Não há qualquer ligação concebível entre o livre-arbítrio e a existência do mal natural, como terremotos, doenças, erupções vulcânicas e assim por diante, a não ser que se aceite algum tipo de doutrina como a da Queda, pela qual acredita-se que a traição da confiança de Deus por Adão e Eva causou todos os diferentes tipos de mal que há no mundo. A doutrina da Queda torna os seres humanos responsáveis por toda forma de mal no mundo. Entretanto, essa doutrina só seria aceitável para alguém que já acreditasse na existência do Deus judaico-cristão.

Há outras explicações mais plausíveis para o mal natural. Uma delas é que a regularidade das leis da natureza traz benefícios muito superiores aos ocasionais desastres.

Benefício das leis da natureza

Sem regularidade na natureza, nosso mundo seria um mero caos, e não teríamos meio de prever o resultado de nossas ações. Se, por exemplo, as bolas de futebol somente às vezes se afastassem de nossos pés quando as chutássemos, teríamos grande dificuldade para prever o que iria acontecer em qualquer ocasião em que quiséssemos chutar uma bola. A falta de regularidade em outros aspectos do mundo poderia tornar a própria vida impossível. A ciência, bem como a vida cotidiana, apóia-se na enorme regularidade que caracteriza a natureza: causas semelhantes tendendo a produzir efeitos semelhantes.

Às vezes afirma-se que, como essa regularidade geralmente nos é benéfica, o mal natural está justificado, uma vez que é apenas um infortunado efeito colateral das leis da natureza continuando a operar de modo regular. Acredita-se que os efeitos benéficos gerais dessa regularidade superam os prejudiciais. Mas esse argumento é vulnerável de pelo menos duas maneiras.

Primeiro, ele não explica por que um Deus onipotente não poderia ter criado leis da natureza que jamais levassem de fato a algum mal natural. Uma possível resposta a isto é que até Deus é limitado pelas leis da natureza; mas isto sugere que Deus na realidade não é onipotente.

Segundo, ele ainda não consegue explicar por que Deus não intervém realizando milagres mais freqüentemente. Caso se conteste que ele nunca intervém, então é retirado um importante aspecto da crença da maioria dos teístas em Deus.

O Argumento dos Milagres

Ao discutir o Problema do Mal e as soluções tentadas para ele, mencionei que os teístas geralmente acreditam que Deus realizou certos milagres: na tradição cristã, entre estes incluem-se a Ressurreição, a multiplicação dos pães, trazer Lázaro de volta dos mortos e assim por diante. Estes foram todos milagres que Cristo supostamente realizou, mas tanto os cristãos quanto pessoas de outras religiões alegam que milagres ainda ocorrem hoje, e em profusão. Aqui, vamos considerar se a alegação de que milagres ocorreram poderia fornecer evidências suficientes para se acreditar na existência de Deus.

Um milagre pode ser definido como uma espécie de intervenção divina no rumo normal dos acontecimentos, o que envolve infringir uma lei estabelecida da natureza. Uma lei da natureza é uma generalização sobre o modo como certas coisas se comportam: por exemplo, pesos caem ao chão se os largamos, ninguém se levanta de volta dos mortos e assim por diante. Essas leis da natureza baseiam-se em um vasto número de observações.

Milagres deveriam, de saída, ser distinguidos de meras ocorrências extraordinárias. Alguém pode tentar cometer suicídio pulando de uma ponte altíssima. Por uma extravagante combinação de fatores, assim como condições dos ventos, as roupas funcionando como um pára-quedas, e assim por diante, essa pessoa pode, como já aconteceu, sobreviver à queda. Embora isto seja extremamente incomum, e possa até ser descrito pelos jornais como "um milagre", não é um milagre no sentido em que estou usando o termo. Poderíamos dar uma explicação científica satisfatória sobre como este indivíduo veio a sobreviver: tratou-se apenas de um evento extraordinário, e não milagroso, uma vez que nenhuma lei da natureza foi infringida e, até onde podemos dizer, não houve intervenção divina envolvida. Se, no entanto, essa pessoa houvesse pulado da ponte e misteriosamente quicado na água, voltando para cima da ponte, isso, sim, teria sido um milagre.

A maior parte das religiões alega que Deus realizou milagres, e que esses relatos deveriam ser tratados como confirmação de que Deus existe. No entanto, há fortes argumentos contra a atitude de basear-se uma crença em Deus nesses relatos de milagres.

Hume e os milagres

David Hume, na Seção X de seu *Investigação sobre o entendimento humano*, afirmou que uma pessoa racional jamais deveria acreditar na informação de que um milagre havia ocorrido, a não ser que fosse um milagre ainda maior, que a pessoa que relatou o milagre estivesse enganada. Afirmou, ainda, ser altamente impossível que isso um dia viesse a acontecer. Deveríamos, como uma política pessoal, acreditar sempre no que seria o milagre menor. Nesta afirmação Hume está deliberadamente jogando com o significado de "milagre". Como já vimos, um "milagre", no sentido estrito, é uma transgressão de uma lei da natureza que se presume ter sido operada por Deus. No entanto, quando Hume declara que deveríamos acreditar sempre no milagre menor, está usando a palavra "milagre" no sentido cotidiano, que pode incluir algo que é meramente fora do comum.

Embora tenha admitido que milagres podem ocorrer, Hume achava que nunca houve um relato desses confiável o bastante para nele se basear uma crença em Deus. Ele usou diversos argumentos fortes para apoiar essa opinião.

Milagres são sempre improváveis

Hume, em primeiro lugar, analisou as provas que temos de que alguma lei particular da natureza é válida. Para que algo seja aceito como uma lei da natureza — por exemplo, que alguém jamais volta à vida depois de morto —, deve haver a maior quantidade possível de provas que a confirmam.

O sensato sempre baseará o que acredita nas provas disponíveis. E, no caso de algum relato de um milagre, haverá sempre mais provas para sugerir que ele não ocorreu do que para sustentar que ele aconteceu de fato. Isto é apenas uma conseqüência de os milagres envolverem a infringência de leis naturais bem estabelecidas. Logo, usando este argumento, o sensato deveria sempre relutar muito em acreditar no relato de um milagre. É sempre logicamente possível que alguém possa se levantar dos mortos, mas há um grande volume de provas em apoio à opinião de que isso jamais ocorreu. Embora não possamos excluir em absoluto a possibilidade de que a Ressurreição tenha ocorrido, de acordo com Hume, deveríamos nos manter bastante relutantes em acreditar que ela aconteceu de fato.

Hume forneceu diversos argumentos adicionais para tornar essa conclusão mais convincente.

Fatores psicológicos

Fatores psicológicos podem levar pessoas a ser auto-iludidas ou até fraudulentas sobre a ocorrência de milagres. Por exemplo, é fato bem observado que o assombro e a admiração são emoções agradáveis. Temos uma forte tendência a acreditar em coisas altamente improváveis — no aparecimento de OVNIS como prova da existência de vida inteligente em

Marte, ou em histórias de fantasmas, que apontam para a possibilidade de vida após a morte — por causa do prazer que sentimos em nutrir essas convicções fantásticas. Da mesma maneira, somos inclinados a acreditar em relatos de milagres, já que a maioria de nós gostaria, secretamente ou não, de que esses relatos fossem verdade.

É igualmente agradável achar que fomos escolhidos para testemunhar um milagre, como alguma espécie de profeta. Muita gente gostaria de receber a aprovação que é dada a quem alega haver testemunhado algum. Isso pode motivar a interpretação de eventos meramente extraordinários como milagres reveladores da presença de Deus ou até a invenção de histórias sobre eventos miraculosos.

As religiões os invalidam

Milagres foram alegados por todas as principais religiões. Há um bom número de evidências listadas por fiéis de cada uma dessas religiões de que tais milagres realmente aconteceram. Assim, o argumento dos milagres, se fosse confiável, provaria a existência dos diferentes deuses que cada religião alega existir. Mas claramente esses diferentes deuses não podem todos existir: não pode ser verdade que existe apenas o Deus único cristão *e* os muitos deuses hindus. Sendo assim, os milagres alegados pelas diferentes religiões anulam uns aos outros como provas da existência de um Deus ou deuses.

A combinação desses fatores deveria funcionar como um alerta para manter as pessoas menos crédulas quanto a relatos de milagres. Uma explicação natural, mesmo que improvável, tem sempre mais probabilidade de ser correta do que uma miraculosa. Certamente o relato de um milagre não poderia nunca equivaler a uma prova da existência de Deus.

Esses argumentos não se restringem aos relatos de milagres apresentados por outras pessoas. Se nós mesmos nos encontramos na posição incomum de achar que testemunhamos um milagre, a maioria deles ainda se aplica. Todos já tivemos a experiência de sonhos, de lembrar errôneamente de coisas, ou de achar que vimos coisas que não estavam realmente presentes. Em qualquer caso em que acreditamos ter testemunhado um milagre, é muito mais provável que nossos sentidos nos tenham enganado, do que um milagre tenha de fato ocorrido. Ou então podemos ter testemunhado apenas algo extraordinário e, devido aos fatores psicológicos já mencionados, achamos que foi um milagre.

É claro que qualquer pessoa que ache ter testemunhado de fato um milagre deve, com toda razão, levar essa experiência muito a sério. Mas, como é muito fácil estar enganado sobre essas coisas, tal experiência nunca deveria ser levada em conta como uma prova conclusiva da existência de Deus.

O Argumento do Jogador: a Aposta de Pascal

Todos os argumentos a favor e contra a existência de Deus que examinamos até agora visavam a provar que Deus existe ou não existe. Todos se propunham a nos dar o conhecimento de sua existência ou inexistência. O Argumento do Jogador, derivado dos textos do filósofo e matemático Blaise Pascal (1623-1662), geralmente conhecido como a "Aposta de Pascal", é muito diferente desses. Seu objetivo não é fornecer provas, mas sim mostrar que um jogador seria sensato em "apostar" que Deus existe.

O argumento começa partindo da posição de um agnóstico, isto é, alguém que acredita não existir evidência suficiente para se decidir se Deus existe ou não. Um agnóstico acredita que há uma genuína possibilidade de que Deus exista, mas que não há evidência suficiente para decidir a questão com segurança. Um ateu, em contraste, crê que há evidência conclusiva de que Deus não existe.

O Argumento do Jogador consiste no seguinte: uma vez que não sabemos se Deus existe ou não, estamos mais ou menos na mesma posição de um jogador que aguarda o desfecho de uma corrida ou uma carta ser virada. Devemos então calcular as chances. Mas para o agnóstico, pode parecer igualmente provável que Deus exista ou não. A linha de ação do agnóstico é ficar em cima do muro, não tomando uma decisão por qualquer dos lados. O Argumento do Jogador, no entanto, diz que a decisão mais racional a tomar é buscar as maiores possibilidades de ganhar o prêmio, cuidando ao mesmo tempo para que a possibilidade de derrota seja a menor possível. Em outras palavras, devemos maximizar nossos possíveis ganhos e minimizar nossas possíveis perdas. Segundo o Argumento do Jogador, o melhor meio de conseguir isso é acreditar em Deus. Há quatro conseqüências possíveis: se apostarmos na existência de Deus e ganharmos (i. e., se Deus de fato existir), então conseguimos a vida eterna — um grande prêmio. O que perdemos, se apostarmos nessa opção e Deus não existir, não é grande coisa, em comparação com a possibilidade da vida eterna: podemos deixar passar certos prazeres mundanos, perder muitas horas rezando e levar nossa vida sob uma ilusão.

No entanto, se resolvemos apostar na opção de que Deus não existe, e ganharmos (i. e., se Deus não existe), então vivemos uma vida sem ilusão (pelo menos a esse respeito) e nos sentimos livres para nos permitirmos os prazeres desta vida, sem medo do castigo divino. Mas se apostamos nessa opção e perdemos (i. e., se Deus de fato existe), então no mínimo perdemos a chance da vida eterna, correndo o risco da condenação perpétua.

Pascal afirmou que, como jogadores diante dessas opções, a linha de ação mais racional para nós é acreditar que Deus de fato existe. Desse modo, se estivermos certos, podemos ganhar a vida eterna. Se apostarmos que Deus existe e estivermos errados, não podemos perder tanto quanto se escolhermos acreditar que Deus não existe e estivermos errados. Então, se quisermos maximizar nossos ganhos possíveis e minimizar nossas possíveis perdas, devemos acreditar na existência de Deus.

Críticas ao Argumento do Jogador

Não conseguir se decidir a acreditar

Mesmo que o Argumento do Jogador seja aceito, ainda nos resta o problema de que não é possível para nós acreditarmos naquilo em que queremos acreditar. Não se pode simplesmente resolver acreditar em algo. Não posso resolver amanhã acreditar que porcos podem voar, que Londres é a capital do Egito e que existe um Deus onipotente, onisciente e benevolente. Preciso estar convencido disso antes de conseguir acreditar. Porém, o Argumento do Jogador não me fornece qualquer prova para me convencer de que Deus existe: apenas me informa que, como jogador, eu seria prudente se cresse que ele de fato existe. Mas, aqui, sou confrontado com o problema de que, a fim de crer em alguma coisa, preciso acreditar que seja verdade.

Pascal tinha uma solução para esse problema de acreditar em Deus se isto fosse contrário a nossos sentimentos e convicções. Ele sugeriu que deveríamos agir como se já acreditássemos: ir à igreja, recitar as preces apropriadas e assim por diante. Afirmava que, se déssemos os sinais exteriores de uma crença em Deus, então muito rapidamente desenvolveríamos efetiva crença. Em outras palavras, há modos indiretos pelos quais podemos deliberadamente gerar crenças.

Atitude inadequada

Apostar que Deus existe porque com isso ganhamos a chance da vida eterna, e em seguida usar de um truque para obter uma efetiva crença em Deus devido ao prêmio que ganhamos se acertamos, parece uma atitude inadequada a tomar quanto à questão. O filósofo e psicólogo William James (1842-1910) chegou ao ponto de dizer que, se estivesse na posição de Deus, teria grande prazer em impedir que pessoas que acreditassem nele com base nesse procedimento fossem para o céu. O procedimento todo parece falso e é inteiramente motivado pelo egoísmo.

Não-realismo sobre Deus

O não-realismo sobre Deus proporciona uma controvertida alternativa ao teísmo tradicional. Os não-realistas afirmam que é um erro pensar na existência de Deus como algo independente dos seres humanos. O verdadeiro sentido da linguagem religiosa não é descrever um ser objetivamente existente; em vez disso, é um modo de representar para nós mesmos a unidade ideal de todos os nossos valores morais e espirituais e as prerrogativas que esses valores têm sobre nós. Em outras palavras, quando um não-realista desse tipo afirma acreditar em Deus, isso não quer dizer que seu Deus seja uma entidade em uma esfera separada, o tipo de Deus descrito pelos teístas tradicionais. Em vez disso, querem dizer que se dedicam a um conjunto de valores morais e espirituais, e que a linguagem da religião proporciona um meio especialmente eficaz de representar esses valores. Como disse Don Cupitt (1934-), um dos não-realistas mais famosos: "Falar de Deus é falar sobre as metas morais e espirituais a que deveríamos estar visando, e sobre o que deveríamos nos tornar."

De acordo com os não-realistas, quem acredita que Deus existe como algo autônomo esperando para ser descoberto, como um outro planeta ou o Abominável Homem das Neves, caiu nas garras do pensamento mitológico. O verdadeiro sentido da linguagem religiosa, eles alegam, é representar para nós mesmos os mais elevados ideais humanos. Isso explica como as diferentes religiões vieram a existir: elas cresceram como uma personificação de diferentes valores culturais, mas em certo sentido são todas parte do mesmo tipo de atividade.

Críticas ao não-realismo sobre Deus

Ateísmo disfarçado

A principal crítica ao não-realismo sobre Deus é que ele é um tipo de ateísmo muito mal disfarçado. Dizer que Deus é apenas a soma de valores humanos equivale a dizer que Deus, como tradicionalmente concebido, não existe, sendo a linguagem religiosa não mais que um meio útil de abordar valores em um mundo sem Deus. Isto pode parecer hipócrita, uma vez que os não-realistas rejeitam a idéia da existência de Deus ao mesmo tempo que se apegam à linguagem e ao ritual religiosos. Parece mais honesto aceitar as conseqüências de que Deus não existe e tornar-se ateu.

Implicações para a doutrina religiosa

Uma segunda crítica à abordagem não-realista da questão da existência de Deus é que ela tem implicações muito sérias para a doutrina religiosa. Por exemplo, a maioria dos teístas acredita na existência do céu; mas, se Deus não existe realmente, então tampouco existe o céu (nem, aliás, o inferno). Da mesma forma, se Deus não existe, em um sentido realista, é difícil compreender como seria possível fornecer uma explicação plausível para os milagres. No entanto, a crença na possibilidade de milagres é crucial para muitos teístas. Adotar uma posição não-realista quanto à questão da existência de Deus envolveria uma revisão radical de muitas convicções religiosas básicas. Isto em si mesmo não precisa derrubar a abordagem não-realista: se alguém está preparado para aceitar essas revisões radicais, pode fazê-lo consistentemente. A questão é que o ponto de vista não-realista envolve uma revisão substancial de doutrina religiosa básica, uma revisão que muita gente não estaria preparada para fazer.

Fé

Todos os argumentos para a existência de Deus que examinamos estiveram sujeitos a críticas. Essas críticas não são necessariamente conclusivas. Você pode conseguir encontrar contracríticas. Mas, se não conseguir encontrar contracríticas adequadas, isso significa que você deveria rejeitar por completo a crença em Deus? Os ateus diriam que deveria. Os agnósticos dariam um veredicto de "insuficiência de provas". Crentes religiosos, entretanto, poderiam afirmar que a abordagem filosófica, ponderando diferentes argumentos, é inadequada. A crença em Deus, poderiam dizer, não é assunto para especulação intelectual abstrata, mas sim para comprometimento pessoal. É uma questão de fé, e não de emprego inteligente da razão.

A fé envolve confiança. Se estou escalando uma montanha e tenho fé na força de minha corda, então confio que ela vai me segurar caso eu perca o apoio para os pés e caia — embora eu não possa estar absolutamente certo disso, enquanto não a fizer passar por um teste. Para algumas pessoas, a fé em Deus é como a fé na força da corda: não existe prova confirmada de que Deus existe e cuida de cada indivíduo, mas o crente confia de fato na Sua existência e leva a vida de modo coerente com sua crença.

Uma atitude de fé religiosa é atraente para muitas pessoas, tornando irrelevante o tipo de argumentos que estivemos considerando. No entanto, em seu nível mais extremo, pode tornar as pessoas completamente cegas a evidências contra os seus pontos de vista: pode se assemelhar mais a uma obstinação que a uma atitude racional.

Quais são os perigos de se adotar essa atitude de fé na existência de Deus se você tem tal inclinação?

Os perigos da fé

A fé, como a descrevi, baseia-se em evidências insuficientes. Se houvesse evidências suficientes para declarar que Deus existe, haveria menos necessidade de fé, pois teríamos o conhecimento de que Deus existe. Como não existem evidências suficientes para se ter certeza da existência de Deus, há sempre a possibilidade de que os fiéis estejam equivocados em sua fé. E, com a crença em que já ocorreram milagres, há um grande número de fatores psicológicos que podem levar as pessoas a ter fé em Deus.

Por exemplo, a segurança que advém de acreditar que um ser onipotente está cuidando de nós é inegavelmente atraente. Acreditar em vida após a morte é um ótimo antídoto para o medo de morrer. Esses fatores podem ser incentivos para alguns se entregarem à fé em Deus. É claro que isso não torna sua fé ilusória e desencaminhada, mas simplesmente mostra que as causas de sua fé podem vir de uma combinação de insegurança e pensamento utópico.

Também, como Hume afirmou, os seres humanos obtêm um prazer muito grande dos sentimentos de espanto e admiração que advêm da crença em ocorrências paranormais. No caso de ter fé em Deus, é importante distinguir uma fé autêntica do prazer derivado de se nutrir a crença de que Deus existe.

Os fatores psicológicos deveriam nos tornar cautelosos quanto a nos entregarmos à fé em Deus, pois é muito fácil estar enganado quanto à sua motivação nesta área. No final, cada crente deve julgar se sua fé é ou não adequada e autêntica.

Conclusão

Neste capítulo consideramos a maior parte dos argumentos tradicionais a favor e contra a existência de Deus. Vimos que existem sérias críticas que os teístas precisam rebater se quiserem manter uma crença em um Deus onipotente, onisciente e benevolente. Um meio de rebater muitas dessas críticas seria fazer uma revisão das qualidades que costumam ser atribuídas a Deus: talvez não seja inteiramente benevolente, ou talvez haja limites ao Seu poder e conhecimento. Fazer isso seria rejeitar a descrição tradicional. Mas para muitas pessoas esta seria uma solução mais aceitável do que rejeitar por completo a crença em Deus.

Leituras adicionais

Recomendo irrestritamente *The Miracle of Theism*, de J. L. Mackie (Oxford: Clarendon Press, 1982). É muito claro, inteligente e estimulante. Trata detalhadamente da maior parte das questões abordadas neste capítulo. *An Introduction to the Philosophy of Religion*, de Brian Davies (Oxford: Oxford University Press, 1993), é uma introdução abrangente a essa área escrita por um frade dominicano. *Arguing for Atheism*, de Robin Le Poidevin (Londres: Routledge, 1996), é um livro interessante e de amplo alcance, que também serve como uma introdução a algumas áreas importantes da metafísica, como a natureza do tempo.

Os póstumos *Diálogos sobre a religião natural*, de David Hume, publicado primeiramente em 1779, contêm um ataque brilhante e sistemático ao Argumento do Desígnio para a existência de Deus. A prosa do século XVIII pode ser bem difícil de se entender em certos pontos, mas os principais argumentos são fáceis de acompanhar e são ilustrados com exemplos sagazes e memoráveis. A melhor edição é *Dialogues and Natural History of Religion* (Oxford: Oxford University Press World's Classics, 1993).

Don Cupitt esboça sua alternativa não-realista ao teísmo no capítulo final de seu livro *The Sea of Faith* (Londres: BBC Books, 1984).

Capítulo 2

Certo e errado

O que torna uma ação certa ou errada? A que nos referimos quando dizemos que alguém deveria ou não fazer algo? Como deveríamos viver e tratar as outras pessoas? Estas são questões fundamentais que filósofos debateram durante milhares de anos. Se não podemos dizer que tortura, assassinato, crueldade, escravidão, estupro e roubo são atos maus, que justificativa teríamos para tentar impedi-los? A moralidade é simplesmente uma questão de preconceito ou podemos dar bons motivos para nossas convicções morais? A área da filosofia que lida com essas questões é habitualmente conhecida como ética ou filosofia moral. Usarei essas expressões aqui de modo intercambiável.

Sou cético quanto à capacidade da filosofia de mudar os preconceitos fundamentais das pessoas a respeito do que é certo ou errado. Como Friedrich Nietzsche (1844-1900) destacou em *Além do bem e do mal*, a maioria dos filósofos morais acaba justificando "um desejo do coração que foi filtrado e tornado abstrato". Em outras palavras, esses filósofos fornecem análises complicadas que parecem envolver um raciocínio lógico e impessoal, mas sempre acabam por demonstrar que suas idéias preexistentes eram corretas. Não obstante, a filosofia moral pode proporcionar *insight* quando trata de questões morais reais: pode esclarecer as implicações de certas convicções mais gerais sobre moralidade e demonstrar como essas convicções podem ser consistentemente postas em prática. Aqui, examinarei três tipos de teoria moral: baseada no dever, na conseqüência e na virtude. Estas são estruturas concorrentes bastante amplas para a compreensão das questões morais. Primeiro, delinearei os aspectos principais destes três tipos de teoria e mostrarei como poderiam ser aplicados a um caso da vida real. Passarei então às questões filosóficas mais abstratas sobre o significado da linguagem moral, conhecida como metaética.

Teorias baseadas no dever

As teorias éticas baseadas no dever enfatizam que cada um de nós tem certos deveres — ações que deveríamos ou não executar — e que agir moralmente significa cumprir nosso dever, sejam quais forem as conseqüências que possam advir disso. É esta idéia, a de que algumas ações são absolutamente certas ou erradas independentemente das conseqüências que resultem delas, que distingue as teorias éticas baseadas no dever (também conhecidas como ontológicas) das teorias éticas conseqüencialistas. Aqui examinarei duas teorias baseadas no dever: a ética cristã e a ética kantiana.

Ética cristã

O ensino moral cristão dominou a compreensão ocidental da moralidade: toda a nossa concepção do que é moralidade foi moldada por uma doutrina religiosa, e até mesmo teorias éticas atéias lhe são fortemente devedoras. Os Dez Mandamentos listam variados deveres e atividades proibidos. Esses deveres se impõem independentemente das conseqüências de cumpri-los: são deveres absolutos. Alguém que acredita ser a Bíblia a palavra de Deus não terá dúvidas sobre o sentido de "certo" e "errado": "certo" significa o que Deus quer e "errado" significa qualquer coisa que vá contra a vontade de Deus. Para esse crente, moralidade é uma questão de seguir ordens absolutas, dadas pela autoridade extrema: Deus. Então, por exemplo, matar é sempre moralmente errado, porque está explicitamente relacionado como pecado nos Dez Mandamentos. O que continua valendo mesmo quando matar um indivíduo específico — Hitler, por exemplo — possa salvar a vida de outras pessoas. Isto é uma simplificação: na verdade, os teólogos discutem de fato sobre circunstâncias excepcionais em que matar poderia ser moralmente permissível, como por exemplo, em uma guerra justa.

Na prática, a moralidade cristã é muito mais complicada do que simplesmente obedecer aos Dez Mandamentos: ela envolve a aplicação dos ensinamentos de Cristo, e em particular do mandamento do Novo Testamento, "Ama o teu próximo". A essência dessa moralidade, no entanto, é um sistema do que é permitido e do que é proibido. O mesmo é verdade na maioria das outras moralidades baseadas em uma religião.

Muita gente crê que, se Deus não existe, não pode haver algo como a moralidade: como disse o romancista russo Fiodor Dostoievski: "Se Deus não existe, tudo é permitido." Não obstante, há pelo menos três objeções importantes a qualquer teoria ética baseada somente na vontade de Deus.

Críticas à ética cristã

Qual é a vontade de Deus?

Uma dificuldade imediata com a ética cristã é descobrir qual é na verdade a vontade de Deus. Como podemos saber com certeza o que Deus quer que façamos? Os cristãos habitualmente respondem a esta pergunta dizendo: "Leia a Bíblia." Mas a Bíblia é aberta a inúmeras e conflitantes interpretações: pensem só nas diferenças entre os que entendem o livro do Gênesis literalmente, acreditando que o mundo foi criado em sete dias, e os que acham que isso é uma metáfora; ou os que acham que matar na guerra é às vezes aceitável e os que acreditam que o mandamento "não matarás" é absoluto e incondicional.

O Dilema de Eutifro

Um dilema surge quando existem apenas duas alternativas possíveis e são ambas indesejáveis. Neste caso, trata-se de um dilema que foi originalmente apresentado no *Eutifro*, de Platão. O dilema para quem acredita que a moralidade se deriva das ordens de Deus é como se segue: o que Deus ordena ou ama é moralmente bom? Ou é o fato de Deus ordenar ou amar que torna tais coisas moralmente boas?

Considerem a primeira opção. Se o que Deus ordena ou ama é moralmente bom, isso torna a moralidade, em certo sentido, independente de Deus. Ele estaria reagindo a valores morais preexistentes no universo: descobrindo-os, mais do que criando-os. Por este ponto de vista, seria possível descrever toda a moralidade sem qualquer menção a Deus, embora se pudesse achar que Deus nos proporciona mais informação confiável sobre moralidade do que de qualquer outro modo que seríamos capazes de obter do mundo com nossos intelectos limitados. Não obstante, por este ponto de vista, Deus não seria a fonte da moralidade.

A segunda opção pareceria menos atraente para os defensores da ética cristã. Se Deus cria o que é certo e errado simplesmente por Suas ordens ou aprovação, a moralidade é um tanto arbitrária. Por esse princípio, Deus poderia ter declarado o assassinato como moralmente louvável, e assim teria sido. Um defensor da moralidade como um sistema de ordens de Deus poderia responder que Deus nunca tornaria o assassinato moralmente louvável, porque Deus é bom e não ia querer isso para nós. Mas se com "bom" quer-se dizer "moralmente bom", conclui-se que "Deus é bom" significa apenas "Deus aprova a si mesmo". Não é isso que os fiéis querem dizer quando afirmam que "Deus é bom".

Pressupõe a existência de Deus

Entretanto, uma objeção muito mais séria a essa visão da ética é que ela pressupõe que Deus realmente existe e é benevolente. Se Deus não fosse benevolente, por quem, então, atos de acordo com a Sua vontade seriam considerados moralmente bons? Como vimos no Capítulo 1, nem a existência nem a benevolência de Deus podem ser consideradas de modo definitivo.

Nem todas as teorias morais com base no dever apóiam-se na existência de Deus. A mais importante teoria moral com base no dever, a de Immanuel Kant (1724-1804), descreve a moralidade de um modo que, em seus contornos mais amplos, muitos ateus acharam fascinante — embora fortemente influenciada pela tradição cristã protestante, e apesar do fato de que o próprio Kant era um cristão devoto.

Ética kantiana

Motivos

Immanuel Kant estava interessado na pergunta "O que é uma ação moral?". Sua resposta foi de tremenda importância para a filosofia. Esboçarei aqui seus principais aspectos.

Para Kant, estava claro que uma ação moral era uma ação executada a partir de um senso de dever em vez de simplesmente por uma inclinação, um sentimento ou a possibilidade de algum tipo de lucro para a pessoa que a executa. Então, por exemplo, se faço doações para caridade porque tenho profundos sentimentos de compaixão pelos necessitados, não estou, do ponto de vista de Kant, necessariamente agindo de forma moral: se ajo puramente por meus sentimentos de compaixão em vez de por um senso de dever, então a minha ação não é *moral.* Ou se faço doações porque acho que isso vai aumentar minha popularidade com meus amigos, mais uma vez não estou agindo *moralmente*, mas para ter um ganho em status social.

Portanto, para Kant o motivo de uma ação era muito mais importante do que a própria ação e suas conseqüências. Ele achava que, a fim de saber se alguém estava agindo moralmente ou não, era preciso saber qual era a sua intenção. Não bastava apenas saber se o Bom Samaritano ajudou ou não o homem que estava em necessidade. O samaritano poderia ter agido por interesse pessoal, esperando uma recompensa por seus esforços. Ou então poderia tê-lo feito porque sentiu um aperto de compaixão; isto significa que agiu por um motivo emocional, em vez de por senso de dever.

A maioria dos filósofos morais concordaria com Kant que interesse próprio não é um motivo adequado para uma ação moral. Mas muitos discordariam de sua alegação de que a presença de uma emoção como a compaixão é irrelevante para a avaliação moral de nossas ações. Para Kant, no entanto, o único motivo aceitável para ação moral era um senso de dever.

Um motivo para Kant ter se concentrado tanto nos motivos para a ação, em vez de suas conseqüências, era que ele acreditava que todas as pessoas podiam ser morais. Uma vez que só podemos ser considerados moralmente responsáveis por coisas sobre as quais temos algum controle — ou, como ele expressou, uma vez que "dever implica poder" —, e como as conseqüências das ações freqüentemente estão fora de nosso controle, essas conseqüências não podem ser cruciais para a moralidade. Por exemplo, se agindo pelo senso de dever tento salvar uma criança que está se afogando, mas acidentalmente afogo a criança, minha ação ainda pode ser considerada moral, uma vez que meus motivos eram do tipo certo: as conseqüências de minha ação terão sido, neste caso, trágicas, mas irrelevantes para o valor moral do que eu fiz.

De modo semelhante, como não temos necessariamente controle completo sobre nossas reações emocionais, estas tampouco podem ser essenciais à moralidade. Para a moralidade estar disponível a todos os seres humanos conscientes, julgava Kant, teria de se apoiar inteiramente na vontade e, em particular, no nosso senso de dever.

Máximas

Kant descreveu as intenções que estão por trás de qualquer ação como *máximas*. A máxima é o princípio geral subjacente à ação. Por exemplo, o Bom Samaritano pode ter agido segundo a máxima: "Sempre ajude os necessitados se espera ser recompensado por seus esforços." Ou pode ter agido segundo a máxima: "Ajude os necessitados sempre que tiver um sentimento de compaixão." No entanto, se o comportamento do Bom Samaritano fosse moral, ele teria agido segundo a máxima: "Sempre ajude os necessitados porque é seu dever fazê-lo."

O Imperativo Categórico

Kant acreditava que, como seres humanos racionais, temos certos deveres. Esses deveres são *categóricos*: em outras palavras, são absolutos e incondicionais — deveres como "Deve-se sempre dizer a verdade" ou "Nunca se deve matar alguém". São válidos sejam quais forem as conseqüências que possam seguir-se de sua obediência. Kant achava que a moralidade era um sistema de imperativos categóricos: ordens de se agir de certas maneiras. Este é um dos aspectos mais característicos de sua ética. Os deveres categóricos são contrastados com os *hipotéticos*. Um dever hipotético é assim como "Se você quer ser respeitado, deve dizer a verdade" ou "Se quer evitar ir para a cadeia, não deve matar pessoa alguma". Deveres hipotéticos informam o que você deve ou não fazer, se quiser alcançar ou evitar um determinado fim. Kant acreditava que havia apenas um Imperativo Categórico básico: "Aja sempre de maneira que possa desejar que a máxima de sua vontade seja, ao mesmo tempo, o princípio de uma lei universal." "Desejar" aqui significa "querer racionalmente". Em outras palavras, a mensagem do Imperativo Categórico é: só aja por uma máxima que você racionalmente quisesse aplicar a todo mundo. Este princípio é conhecido como o princípio de "universalizabilidade" (a potencialidade de ser universal).

Embora Kant tenha fornecido inúmeras versões diferentes do Imperativo Categórico, esta é a mais importante delas, e exerceu uma enorme influência. Vamos examiná-la mais detalhadamente.

"Universalizabilidade"

Kant julgava que, para uma ação moral, a máxima em sua base deveria ser "universalizável". Tinha de ser uma máxima que valesse para qualquer outra pessoa em circunstâncias semelhantes. Não se deveria tornar a si próprio como exceção, mas ser imparcial. Então, por exemplo, se você roubou um livro, agindo segundo a máxima "Sempre roube quando não tiver dinheiro para comprar o que quer", para isso ter sido uma ação moral esta máxima deveria valer para qualquer outra pessoa em sua posição.

É claro que isso não significa que qualquer máxima que puder ser universalizada seja, por esse motivo, uma máxima moral. É óbvio que muitas máximas triviais, como, por exemplo, "Sempre mostre a língua para pessoas que forem mais altas do que você", poderiam muito facilmente ser universalizadas, mesmo que tenham pouco ou nada a ver com moralidade. Algumas outras máximas universalizáveis, como aquela sobre roubar, que utilizei no parágrafo anterior, ainda podem ser consideradas imorais.

Esta noção de "universalizabilidade" é uma versão da chamada Regra de Ouro do cristianismo: "Fazei aos outros como gostaríeis que vos fizessem." Alguém agindo segundo a máxima "Seja um parasita, viva sempre à custa dos outros" não estaria agindo moralmente, uma vez que seria impossível universalizar a máxima. Ela convidaria à pergunta: "E se todo mundo fizesse isso?" Se todos agissem como parasitas, então não restaria ninguém a partir de quem os parasitas pudessem viver. A máxima não consegue passar pelo teste de Kant, portanto não pode ser uma máxima moral.

Por outro lado, podemos muito facilmente universalizar a máxima "Nunca torture bebês". É certamente possível e desejável para todo mundo obedecer a essa ordem, embora possam não obedecer. Os que a desobedecem, torturando bebês, estão agindo imoralmente. Com máximas como esta, a noção kantiana de "universalizabilidade" responde, com a máxima clareza, às intuições incontroversas das pessoas sobre certo e errado.

Meios e fins

Outra das versões de Kant do Imperativo Categórico era "Trate as outras pessoas como fins em si mesmas, nunca como meios para um fim". Este é um outro modo de dizer que não deveríamos *usar* as outras pessoas, mas sempre reconhecer sua humanidade: o fato de que são indivíduos com vontades e desejos próprios. Se pessoas forem agradáveis com você simplesmente porque sabem que você pode lhes dar um emprego, então elas o estão tratando como um meio para conseguir o tal emprego, e não como uma pessoa, como um fim em você mesmo. É claro que se as pessoas forem agradáveis com você porque por acaso gostam de você, isso não teria nada a ver com moralidade.

Críticas à ética kantiana

É vazia

A teoria ética de Kant, e em particular sua noção da "universalizabilidade" dos julgamentos morais, às vezes é criticada por ser vazia. Isso significa que sua teoria apresenta apenas uma moldura, mostrando a estrutura dos julgamentos morais, sem dar qualquer ajuda aos que enfrentam decisões morais concretas. Ela dá pouca ajuda a quem tenta resolver o que deveria fazer.

Isso significa ignorar a versão do Imperativo Categórico que nos instrui a tratar as pessoas como fins e nunca como meios. Nessa formulação, Kant certamente dá algum conteúdo à sua teoria moral. Mas, mesmo com a combinação da tese da "universalizabilidade" e a formulação meios/fins, a teoria de Kant não fornece soluções satisfatórias para muitas questões morais.

A teoria de Kant não lida facilmente com conflitos de dever. Se, por exemplo, tenho o dever de sempre dizer a verdade, e também o dever de proteger meus amigos, a teoria de Kant não me mostra o que eu deveria fazer quando esses dois deveres entram em conflito. Se um louco carregando um machado me perguntasse onde estava um amigo meu, minha primeira inclinação seria contar-lhe uma mentira. Dizer-lhe a verdade seria faltar com o dever que tenho de proteger meus amigos. Mas, por outro lado, de acordo com Kant, contar uma mentira, mesmo numa situação extrema como a apresentada, seria um ato imoral: tenho o dever absoluto de nunca mentir.

Atos imorais universalizáveis

Mais uma fraqueza percebida na teoria de Kant é que permite alguns atos obviamente imorais. Por exemplo, uma máxima como "Mate qualquer um que atravessar o seu caminho" poderia bastante consistentemente ser universalizada. E, no entanto, essa máxima é claramente imoral.

Mas este tipo de crítica não funciona como uma crítica a Kant, pois ignora a versão meios/fins do Imperativo Categórico, que obviamente contradiz. Matar alguém que atravesse o seu caminho não é exatamente tratar as pessoas como um fim em si mesmas: é não conseguir levar em conta os interesses delas.

Aspectos implausíveis

Embora boa parte da teoria ética de Kant seja plausível — especialmente a idéia de respeitar os interesses dos outros —, ela realmente apresenta alguns aspectos implausíveis. Primeiro, parece justificar algumas ações absurdas, assim como contar a um louco armado onde está o seu amigo em vez de despistá-lo contando uma mentira.

Segundo, o papel que a teoria dá a emoções como compaixão, simpatia e piedade parece inadequado. Kant dispensa essas emoções como irrelevantes para a moralidade: o único motivo adequado para a ação moral é um senso de dever. Sentir compaixão por alguém que passa necessidades, embora de alguns pontos de vista possa ser considerado louvável, não tem, para Kant, nada a ver com moralidade. Em contraste, muita gente acha que *existem* emoções distintivamente morais, como compaixão, solidariedade, culpa e remorso, e separá-las da moralidade, como Kant tentou fazer, é ignorar um aspecto essencial do comportamento moral.

Terceiro, a teoria não dá explicações para as conseqüências das ações. Isso significa que aqueles idiotas bem-intencionados que, impremeditadamente, causam inúmeras mortes por meio de sua incompetência, podem ser moralmente inculpáveis, na teoria de Kant. Eles seriam julgados basicamente por suas intenções. Mas, em alguns casos, as conseqüências das ações parecem de fato relevantes para uma avaliação de seu valor moral: pense em como você se sentiria em relação à babá contratada que tentou secar o seu gato no forno de microondas. Entretanto, para sermos justos com Kant sobre esse ponto, ele de fato considera alguns tipos de incompetência culpáveis.

Os que acham este último tipo de crítica de teorias deontológicas convincente muito provavelmente verão o atrativo do tipo de teoria ética conhecida como conseqüencialismo.

Conseqüencialismo

O termo "conseqüencialista" é usado para descrever teorias éticas que julgam se uma ação é certa ou errada não pelas intenções da pessoa que executa a ação, mas pelas conseqüências da ação. Enquanto Kant diria que contar uma mentira é sempre moralmente errado, fossem quais fossem os possíveis benefícios que pudessem resultar, um conseqüencialista julgaria a ação de mentir pelo resultado obtido ou que se poderia obter.

Utilitarismo

O utilitarismo é o tipo mais conhecido de teoria ética conseqüencialista. Seu mais famoso propugnador foi John Stuart Mill (1806-1873). O utilitarismo se baseia na pressuposição de que a finalidade extrema de toda atividade humana é (em certo sentido) a felicidade. Essa visão é conhecida como *hedonismo.*

Um utilitarista define o "bem" como "qualquer coisa que suscita a máxima felicidade total", idéia que também pode ser chamada de Princípio da Máxima Felicidade ou Princípio de Utilidade. Para um utilitarista, a ação correta em qualquer circunstância pode ser calculada examinando-se as prováveis conseqüências das várias linhas de ação possíveis. Seja qual for a que tiver maior probabilidade de causar a maior felicidade (ou pelo menos o maior equilíbrio entre felicidade e infelicidade) é a ação certa nessas circunstâncias.

O utilitarismo tem que lidar com conseqüências *prováveis* porque em geral é extremamente difícil, se não impossível, prever os resultados precisos de uma ação particular: por exemplo, insultar as pessoas geralmente as faz sentirem-se infelizes, mas a pessoa que você está insultando pode se revelar um masoquista que tira grande prazer de ser insultado.

Uma das vantagens do utilitarismo sobre algumas outras abordagens da ética é que ele pode fornecer um método claro para considerar os animais um alvo da preocupação moral. Contanto que se aceite que os animais podem sentir dor e prazer, é possível incluir seu bem-estar no cálculo utilitarista. E mesmo que os animais não sejam diretamente incluídos no cálculo, o fato de que seu aparente sofrimento teve um efeito sobre a felicidade dos que os amam admite que seu bem-estar seja incluído indiretamente no cálculo. Por exemplo, se eu e outros como eu ficamos profundamente aflitos por saber que bezerros sofrem na produção de carne de vitela, nossa infelicidade precisa ser contrastada com os possíveis prazeres sentidos pelos consumidores de vitela quando se estiver decidindo sobre a moralidade da produção de vitela.

Críticas ao utilitarismo

Dificuldades de cálculo

Embora o utilitarismo possa parecer uma teoria em princípio atraente, há muitas dificuldades que surgem quando se trata de colocá-la em prática.

É extremamente difícil medir a felicidade e comparar a felicidade de diferentes pessoas. Quem pode decidir se o grande prazer sentido por um sádico supera ou não o sofrimento da vítima? Ou como se compara o prazer que um torcedor de futebol sente ao ver seu time marcar um gol brilhante aos arrepios de encantamento sentidos por um fã de ópera ouvindo sua ária favorita? E como estes se comparam às sensações de prazer mais físicas que advêm do sexo e da comida?

Jeremy Bentham (1748-1832), um dos primeiros utilitaristas, achava que em princípio essas comparações podiam ser feitas. Para ele, a fonte da felicidade era irrelevante. Felicidade era simplesmente um estado mental jubiloso: prazer e ausência de dor. Embora ocorresse em diferentes intensidades, consistia basicamente no mesmo processo, portanto, não importa como produzido, deveria pesar nos cálculos utilitaristas. No que chamou seu *felicific calculus*, estabeleceu linhas mestras para se fazer comparações entre prazeres, levando em conta aspectos como intensidade, duração, tendência a dar origem a mais prazeres, e assim por diante.

No entanto, John Stuart Mill achou a abordagem de Bentham rudimentar: em seu lugar, sugeriu uma distinção entre os chamados prazeres superiores e inferiores. Afirmou que alguém que houvesse verdadeiramente experimentado os prazeres superiores, que eram, em sua opinião, principalmente intelectuais, automaticamente os preferia aos chamados inferiores, que eram basicamente físicos. No projeto de Mill, prazeres superiores contavam muito mais no cálculo de felicidade do que os inferiores: em outras palavras, ele avaliava prazeres de acordo com sua qualidade, bem como quantidade. Afirmou que certamente seria preferível ser um Sócrates triste porém sábio, do que ser um tolo feliz porém ignorante, argumentando assim que os prazeres de Sócrates seriam de um tipo superior aos do tolo.

Mas isso soa elitista. É uma justificativa intelectual para suas preferências particulares e para os interesses e valores de seu meio social. Permanece o fato de que quantidades relativas de felicidade são extremamente difíceis de se calcular. E de fato esse problema não seria completamente resolvido mesmo se aceitássemos a divisão de Mill entre prazeres superiores e inferiores.

Uma dificuldade de cálculo mais básica ocorre na decisão do que deve contar como o efeito de uma ação particular. Se alguém bateu em uma criança por mau comportamento, a questão de se essa foi ou não uma ação moral dependeria inteiramente das conseqüências da ação. Porém, devemos contar apenas os efeitos imediatos de se bater na criança ou devemos levar em conta os efeitos a longo prazo? Se este último for o caso, então podemos acabar tentando pôr na balança, por exemplo, o desenvolvimento emocional da criança e, possivelmente, os efeitos sobre os futuros filhos dessa criança, contra a felicidade da criança que deriva do afastamento de situações potencialmente perigosas alcançada na educação por meio de castigo. Com qualquer ação, os efeitos podem ser projetados para o futuro, e raramente há um ponto óbvio de interrupção do circuito.

Casos-problema

Uma objeção a mais ao utilitarismo é que ele pode justificar muitas ações consideradas imorais. Por exemplo, se fosse possível demonstrar que enforcar publicamente um inocente teria o efeito direto de reduzir o crime violento, servindo de freio e força moderadora, e, portanto, causando mais benefício do que dor, então um utilitarista seria obrigado a dizer que enforcar a pessoa inocente foi a coisa moralmente certa a fazer. Mas essa conclusão é repugnante ao nosso senso de justiça. É claro que um sentimento de repugnância para com algumas de suas conclusões não prova que haja algo de errado na teoria do utilitarismo. Um utilitarista linha-dura provavelmente engoliria muito feliz a conclusão. Entretanto, essas conseqüências desagradáveis deveriam nos fazer céticos quanto a aceitar o utilitarismo como uma teoria moral satisfatória.

Utilitaristas como Bentham, que acreditam ser a felicidade simplesmente um estado de espírito jubiloso, deixam abertura para uma objeção a mais. Sua teoria sugere que o mundo seria um lugar moralmente melhor se uma droga alteradora do estado de espírito, como, por exemplo, o ecstasy, fosse secretamente misturada ao reservatório de água potável, contanto que isso aumentasse o prazer total. E, no entanto, a maioria de nós preferiria escolher nossos momentos jubilosos, embora viessem em menor quantidade. Julgaríamos também que a pessoa que acrescentou a droga ao reservatório de água teria feito algo imoral.

Argumento semelhante alude ao uso da Máquina de Experiência. Imagine que você tem a opção de ser ligado a uma sofisticada máquina de realidade virtual que lhe proporcionará a ilusão das experiências que você mais deseja ter. Você só precisa decidir permanecer ligado ao aparelho pelo resto da vida; no entanto, uma vez tendo sido ligado, você não se dará conta de estar vivendo nessa ilusão. Essa máquina lhe transmitiria uma série imensa de estados mentais prazerosos, e no entanto, ao considerar essa situação imaginária, tendemos a recusá-la. Em geral, não buscaríamos nossa própria felicidade sem levar em conta como ela é produzida: isto indica que a felicidade não é só uma questão de estados mentais, mas inclui a noção de como esses estados se produzem. E, embora não seja plausível sugerir que um mundo no qual todos estivessem ligados a Máquinas de Experiências seria moralmente superior ao mundo atual, do ponto de vista de Bentham teria de ser assim, uma vez que, para ele, pouco importavam os métodos de produzir estados mentais jubilosos.

Considere um outro caso difícil para o utilitarista. Enquanto Kant afirma que devemos cumprir nossas promessas, sejam quais forem as conseqüências, os utilitaristas calculariam a provável felicidade resultante do cumprimento ou descumprimento de promessas em cada caso, e agiriam em conformidade com isso. Utilitaristas poderiam muito bem concluir que, em casos nos quais sabiam que seus credores tinham se esquecido de uma dívida e provavelmente nunca se lembrariam dela, seria moralmente certo não lhes pagar o dinheiro que eles lhe haviam emprestado. A felicidade do devedor, aumentada por seu aumento de riqueza, poderia muito bem superar qualquer infelicidade que sentisse por estar enganando os outros. E os credores experimentariam pouca ou nenhuma infelicidade, já que tinham se esquecido da dívida.

Porém, nesses casos, a integridade pessoal parece ser um aspecto importante da interação humana. De fato, muitos considerariam dizer a verdade, pagar as dívidas, ser honestos nos negócios com outras pessoas, e assim por diante, como exemplos cruciais de comportamento moral. Para essas pessoas, o utilitarismo, com sua rejeição ao conceito de deveres absolutos, é inadequado como teoria moral.

Utilitarismo negativo

O utilitarismo baseia-se na pressuposição de que a ação certa em quaisquer circunstâncias é a que produz a máxima felicidade geral. Mas talvez isto ponha ênfase demais na felicidade. Evitar a dor e o sofrimento é uma meta muito mais significativa do que a obtenção de um equilíbrio da felicidade sobre a infelicidade. Por exemplo, um mundo em que ninguém fosse particularmente feliz, mas ninguém sofresse dor extrema, não seria mais atraente do que um mundo em que alguns sofrem extremos de infelicidade compensados por muitos que experimentam grande contentamento e felicidade?

Um meio de enfrentar esta objeção é modificar o utilitarismo para o que é geralmente conhecido como utilitarismo negativo. O princípio básico do utilitarismo negativo é o de que a melhor ação em quaisquer circunstâncias não é a que produz o maior equilíbrio de felicidade sobre infelicidade para o maior número de pessoas, mas a que produz o menor volume geral de infelicidade. Por exemplo, um utilitarista negativo rico poderia se perguntar se deveria deixar todo o seu dinheiro para alguma pessoa pobre e gravemente doente, que estivesse em grande sofrimento e cujas dores seriam consideravelmente aliviadas por esta dádiva, ou então dividi-lo entre mil pessoas moderadamente felizes que teriam, cada uma, sua felicidade um pouco aumentada devido a essa dádiva. Um utilitarista comum calcularia qual ação produziria o maior equilíbrio de prazer sobre dor para o maior número de pessoas; um utilitarista negativo só estaria preocupado em minimizar o sofrimento. Então, enquanto um utilitarista comum provavelmente dividiria o dinheiro entre as mil pessoas moderadamente felizes porque isso maximizaria a felicidade, o utilitarista negativo deixaria o dinheiro para a pessoa gravemente doente, minorando seu sofrimento.

O utilitarismo negativo, no entanto, suscita muitas dificuldades de cálculos também presentes no exame do utilitarismo comum. É também vulnerável a uma crítica específica.

Crítica ao utilitarismo negativo

Destruição da vida

O melhor meio de eliminar todo o sofrimento do mundo seria eliminar toda a vida sensível. Se não houvesse entes vivos capazes de sentir dor, não haveria dor. Se fosse possível fazer isto de um modo indolor, talvez por meio de uma imensa explosão atômica, então, pelo princípio do utilitarismo negativo, esta seria a ação moralmente certa. Mesmo que uma certa quantidade de dor estivesse envolvida no processo, os benefícios a longo prazo em eliminação de dor provavelmente a superariam. Ainda assim, esta conclusão é inaceitável. No mínimo, o utilitarismo negativo precisa ser reformulado a fim de evitá-la.

Utilitarismo de regra

Como um meio de contornar a objeção de que o utilitarismo comum suscita muitas conseqüências desagradáveis, alguns filósofos sugeriram uma versão modificada da teoria, conhecida como utilitarismo de regra, ou regrado. Espera-se deste que combine os melhores aspectos do utilitarismo de ação com o melhor da ética deontológica.

Os utilitaristas de regra, em vez de avaliar as conseqüências de cada ação separadamente, adotam regras gerais sobre os tipos de ação que tendem a produzir a máxima felicidade para o maior número de pessoas. Por exemplo, como em geral castigar gente inocente produz mais infelicidade do que felicidade, utilitaristas de regra adotariam a regra "nunca castigar inocentes", mesmo considerando que podem haver instâncias particulares em que castigar inocentes produziria mais felicidade do que infelicidade — assim como quando age como um freio eficaz contra o crime violento. Semelhantemente, um utilitarista de regra advogaria o cumprimento de promessas porque em geral produz equilíbrio de felicidade sobre infelicidade.

O utilitarismo de regra tem o grande benefício prático de tornar desnecessário executar um cálculo complicado a cada decisão moral. Entretanto, em uma situação na qual se sabe que a máxima felicidade resultará mais do descumprimento de uma promessa que de seu cumprimento, e dado que suas simpatias morais básicas são para uma perspectiva utilitarista, parece perverso prender-se à regra em vez de tratar o caso individual por seus próprios méritos.

Teoria da virtude

A teoria da virtude é amplamente baseada na *Ética a Nicômaco*, de Aristóteles, e, como resultado, é às vezes conhecida como neo-aristotelismo ("neo" significando "novo"). Ao contrário de kantianos e utilitaristas, que se concentram na correção ou incorreção de ações particulares, os teóricos da virtude concentram-se no caráter e estão interessados na vida do indivíduo como um todo. A pergunta crucial para os teóricos da virtude é: "Como eu devo viver?" A resposta que dão a esta pergunta é: cultive suas virtudes. É somente cultivando as virtudes que se obtém o real desenvolvimento humano.

Florescimento

De acordo com Aristóteles, todo mundo quer crescer como pessoa. A palavra grega usada para esse crescimento era *eudaimonia*, às vezes traduzida como "felicidade"; mas esta tradução pode ser confusa, já que Aristóteles acreditava que podia-se sentir, por exemplo, grande prazer físico sem alcançar *eudaimonia. Eudaimonia* aplica-se a uma vida inteira, não apenas a estudos particulares em que você pode se encontrar de hora em hora. Talvez "autêntica felicidade" fosse uma melhor tradução; mas isso dá a impressão de que *eudaimonia* seria um estado mental jubiloso a que se chega, em vez de um modo de se levar a vida de maneira bem-sucedida. Aristóteles acreditava que certos modos de viver promovem o florescimento humano, assim como certos modos de cuidar de uma cerejeira a levarão a crescer, dar flores e frutos.

As virtudes

Aristóteles afirmava que cultivar as virtudes é o meio por excelência de crescimento pessoal. Mas o que é uma virtude? É um padrão de comportamento e de sentimentos: uma tendência a agir, desejar e sentir de modos particulares em situações apropriadas. Diferentemente de Kant, Aristóteles achava que sentir emoções apropriadas era essencial à arte de levar uma vida boa. Uma virtude não é uma ação irrefletida, mas, ao invés disso, envolve um julgamento inteligente sobre a reação apropriada à situação em que você se encontra.

A virtude de ser generoso, nas situações apropriadas, propicia sentimentos e ações generosas, envolvendo a avaliação dos atos corretos para cada caso. No contexto da história do Bom Samaritano, uma pessoa virtuosa tanto sentiria compaixão pelo homem largado à beira da estrada quanto agiria para com ele de modo caridoso. Um Bom Samaritano que só ajudasse a vítima por ter calculado algum futuro bom para si não estaria agindo virtuosamente, já que a verdadeira generosidade não procura benefício próprio.

Se o Bom Samaritano houvesse chegado no momento em que os ladrões estavam atacando sua vítima infortunada, e se tivesse a virtude da coragem, teria superado qualquer medo e confrontado os ladrões. Ser corajoso consiste sobretudo na capacidade de vencer o medo.

Virtudes como generosidade e coragem são, acreditam os teóricos da virtude, traços necessários a qualquer ser humano que deseje viver bem. Isto pode fazer parecer que um indivíduo virtuoso poderia escolher de uma "carteira de virtudes" aquelas que quisesse desenvolver, ou que alguém que possuísse uma virtude isolada em um alto grau pudesse ser automaticamente uma pessoa virtuosa. Entretanto, isto seria um equívoco. Para Aristóteles, a pessoa virtuosa é alguém que harmonizou todas as virtudes; elas devem estar entremeadas no tecido da vida da pessoa virtuosa.

Críticas à teoria da virtude

Que virtudes deveríamos adotar?

Uma grande dificuldade da teoria da virtude é determinar que padrões de comportamento, desejo e sentimento devem contar como virtudes. A resposta do teórico da virtude é: os de que um ser humano precisa a fim de se desenvolver. Mas isto realmente não ajuda muito. Teóricos da virtude costumam compor listas de virtudes como benevolência, honestidade, coragem, generosidade, lealdade, e assim por diante. Eles também as analisam em alguns detalhes. Mas como suas listas não se superpõem totalmente, isso dá ensejo a um debate sobre o que deveria ser incluído. E nem sempre fica claro por que motivos algo é designado como virtude.

O perigo é o de que os teóricos da virtude simplesmente redefinam seus preconceitos e modos de vida preferidos como virtudes, e as atividades de que não gostam como vícios. Quem aprecia comida e vinhos finos poderia declarar que o estímulo sutil das papilas gustativas é essencial para viver bem como um ser humano e, assim, que ser um amante de comida e vinhos finos é uma virtude. Um monógamo poderia declarar que a fidelidade a um só parceiro sexual é uma virtude; um teórico da virtude sexualmente promíscuo pode defender a tese de que a independência sexual é uma virtude. A teoria da virtude, então, pode ser usada como uma cortina de fumaça intelectual por trás da qual preconceitos são introduzidos sub-repticiamente. E mais, se o teórico da virtude opta por aceitar somente os modos de comportamento, desejo e sentimento considerados virtuosos naquela sociedade particular, a teoria mostra-se essencialmente conservadora, oferecendo poucas chances para mudanças na sociedade em relação às bases morais.

Natureza humana

Uma crítica adicional à teoria da virtude é que pressupõe a existência daquilo que chamamos "natureza humana" e, portanto, que há alguns padrões gerais de comportamento e sentimento apropriados para todos os seres humanos. Entretanto, essa opinião foi contestada por muitos filósofos, os quais crêem que é um erro sério pressupor que exista uma natureza humana. Voltarei a este tópico mais adiante, na seção sobre Naturalismo.

Ética aplicada

Até aqui neste capítulo, delineei três tipos básicos de teoria ética. Obviamente, não são os únicos tipos, mas são os mais importantes. Agora, vamos dar uma espiada em como os filósofos efetivamente aplicam suas teorias a decisões morais reais, em vez de a decisões imaginárias. Isto é conhecido como ética prática, ou aplicada. A fim de ilustrar considerações relevantes em ética aplicada, vamos nos concentrar em uma questão ética, a saber, a da eutanásia ou morte misericordiosa.

Eutanásia

A eutanásia costuma ser definida como morte misericordiosa ou assassinato por misericórdia. Indaga-se geralmente se a eutanásia se justifica em casos de pessoas muito idosas e de doentes crônicos, sobretudo os que sofrem grandes dores. Se, por exemplo, alguém está sofrendo dor e não tem perspectiva de viver uma vida que valha a pena, é moralmente aceitável desligar a máquina que o mantém vivo ou, talvez, até administrar-lhe uma droga fatal? Esta é uma questão ética prática que médicos são freqüentemente obrigados a enfrentar.

Como com a maior parte da ética aplicada, as questões filosóficas que se colocam com relação à eutanásia não são todas éticas. Só para começar, há muitas e importantes distinções entre tipos de eutanásia. Primeiro, existe a eutanásia voluntária — quando o paciente deseja morrer e expressa este desejo. Esta é geralmente uma forma de suicídio assistido. Segundo, existe a eutanásia involuntária — quando o paciente não quer morrer, mas isso é ignorado. Esta é equivalente a assassinato na maioria dos casos. Terceiro, existe a eutanásia não voluntária — quando o paciente está inconsciente ou não se encontra em posição de expressar uma vontade. Vamos nos concentrar aqui na questão da moralidade da eutanásia voluntária.

A teoria ética geral que um indivíduo adota determina sua reação a questões particulares. Então, um cristão que aceita a teoria ética com base no dever, delineada no início deste capítulo, provavelmente responderá a perguntas sobre eutanásia de um modo diferente de alguém que aceita a teoria conseqüencialista de John Stuart Mill, o utilitarismo. Um cristão provavelmente teria dúvidas sobre a justificativa da eutanásia voluntária, por parecer contradizer o mandamento "Não matarás". Entretanto, poderia não ser tão simples assim. Poderia haver um conflito entre esse mandamento e o mandamento do Novo Testamento de amar o próximo. Se alguém está sofrendo grandes dores, e quer morrer, pode ser um ato de amor ajudá-lo a pôr fim à vida. Um cristão teria de decidir qual desses dois mandamentos tinha mais força, e agir de acordo com essa decisão.

Da mesma maneira, um kantiano poderia sentir-se preso ao dever de nunca matar. Matar alguém pareceria ir contra o ponto de vista de Kant de que devíamos tratar os outros como fins em si mesmos, e nunca como meios para um fim, e respeitar sua humanidade. Mas essa mesma versão do Imperativo Categórico poderia, no caso da eutanásia voluntária, fornecer uma justificativa moral *para* acabar com a vida de alguém, se isso é o que o paciente quer e é incapaz de fazer sem ser ajudado.

Um utilitarista veria a questão sob uma luz muito diferente. Para um utilitarista, a dificuldade não seria um conflito de deveres, mas sim como calcular os efeitos das várias linhas de ação possíveis e disponíveis. Qualquer linha de ação que causasse o maior volume de felicidade para o maior número de pessoas, ou pelo menos o maior equilíbrio de felicidade sobre infelicidade, seria a moralmente certa. O utilitarista consideraria as conseqüências para o paciente. Se o paciente continuasse em vida sentiria grande dor e morreria muito brevemente, de qualquer maneira. Se o paciente morresse por meio de uma ação de eutanásia, a dor cessaria junto com qualquer promessa de felicidade. Entretanto, esses não são os únicos pontos a se levar em consideração. Há um bom número de efeitos colaterais. Por exemplo, a morte do paciente por eutanásia pode causar angústia aos parentes do paciente. Além disso, a ação de eutanásia poderia envolver violação da lei, e assim a pessoa que ajudasse o paciente a morrer poderia correr o risco de ser processada. Isto também levanta questões sobre a moralidade da violação da lei em geral.

Outro efeito colateral de se executar uma ação isolada de eutanásia é a abertura para que médicos inescrupulosos matem pacientes sob o pretexto de ser essa a vontade deles. Oponentes de todo e qualquer tipo de eutanásia costumam ressaltar que técnicas nazistas de extermínio foram testadas primeiro em vítimas de um programa de eutanásia involuntária. É possível que atos isolados de eutanásia voluntária, se freqüentes, abram caminho para a implantação de uma política de eutanásia involuntária. Um utilitarista ponderaria essas possíveis conseqüências a fim de decidir se essa ação particular de eutanásia seria moralmente justificada.

Um teórico da virtude abordaria a questão da eutanásia de modo um tanto diverso, enfatizando o caráter da pessoa que executa a ação de eutanásia. Embora matar seja contrário tanto à virtude da justiça quanto à da caridade, no caso especial da eutanásia voluntária, quando a morte claramente beneficiaria a outra pessoa, a virtude da caridade o permitiria. Entretanto, mesmo nesse caso, a virtude da justiça ainda poderia se opor. Um teórico da virtude não estabeleceria regras rígidas de comportamento, mas seria sensível aos detalhes do caso particular.

Como essa breve discussão de um problema ético prático bem ilustra, raramente há respostas fáceis para decisões importantes. E no entanto, o tempo todo somos forçados a emitir julgamentos morais. Progressos contemporâneos em tecnologia e genética ensejam cada vez mais questões éticas sobre vida e morte. Na ciência médica, o desenvolvimento da fertilização *in vitro* e da engenharia genética propõem dilemas éticos, assim como descobertas tecnológicas no campo da ciência da computação, que permitem vigilância e acesso a informações pessoais em uma escala nunca sonhada. A epidemia de aids trouxe consigo uma ampla série de questões sobre quando é aceitável forçar alguém a ser submetido a um teste para o vírus HIV. O esclarecimento de possíveis abordagens desses problemas só pode ser útil. Mas permanece o fato de que decisões éticas são as mais difíceis e importantes que tomamos. A responsabilidade por nossas escolhas cabe, em última análise, a cada um de nós.

Ética e metaética

Os três tipos de teoria ética que examinamos até agora — com base no dever, conseqüencialista e teoria da virtude — são exemplos de teorias de primeira ordem. Isto é, são teorias sobre como deveríamos agir. Filósofos morais também se interessavam por questões de segunda ordem: questões não sobre o que deveríamos fazer mas sobre o status das teorias éticas. Uma teoria metaética típica se indaga: "Qual é o significado de 'certo' no contexto moral?" Considerarei aqui três exemplos de teorias metaéticas: naturalismo ético, relativismo moral e emotivismo.

Naturalismo

Uma das questões metaéticas mais amplamente discutidas no século XX foi a de se as chamadas teorias éticas naturalistas são ou não aceitáveis. Uma teoria ética naturalista baseia-se na pressuposição de que julgamentos éticos procedem diretamente de fatos cientificamente constatáveis — com freqüência fatos sobre a natureza humana.

A ética utilitarista passa de uma descrição da natureza humana para uma posição sobre como deveríamos nos comportar. Idealmente, o utilitarismo usaria uma mensuração científica da qualidade e da quantidade da felicidade de cada pessoa, a fim de demonstrar o que é certo e o que é errado. Em contraste, a ética kantiana não é tão estreitamente ligada à psicologia humana: nossos deveres categóricos supostamente provêm de considerações lógicas, não psicológicas.

Críticas ao naturalismo

Distinção fato/valor

Muitos filósofos acreditam que todas as teorias éticas naturalistas baseiam-se em um engano: a incapacidade de reconhecer que fatos e valores são fundamentalmente diversos. Os que se opõem ao naturalismo — antinaturalistas — afirmam que nenhuma descrição factual pressupõe julgamento de valor: mais argumentação sempre se faz necessária. Isto é às vezes conhecido como a Lei de Hume, devido a David Hume, um dos primeiros a destacar que os filósofos morais costumam passar de discussões "o que é" para discussões "o que deveria ser" sem maior argumentação.

Os antinaturalistas alegam que é impossível fornecer a argumentação adicional necessária para se passar facilmente de fatos para valores, ou, como às vezes se coloca, de "é" para "deveria". Fato e valor são esferas diferentes, e não há ligação lógica entre, digamos, felicidade humana e valor moral. Seguindo G. E. Moore (1873-1958), os antinaturalistas às vezes usam a expressão Falácia Naturalista para descrever o pretenso erro de se argumentar passando de fatos a valores, sendo a falácia um tipo de mau argumento.

Um argumento que os antinaturalistas usam para apoiar sua posição é conhecido como o Argumento da Pergunta em Aberto.

O Argumento da Pergunta em Aberto

Esse argumento, usado pela primeira vez por G. E. Moore, é, na realidade, apenas um modo de deixar mais claras as convicções éticas. É um modo de demonstrar que a maioria de nós, no modo como pensa sobre termos morais como "bom" ou "certo", já rejeita a abordagem naturalista.

O argumento se inicia com qualquer declaração de um fato do qual esperam-se conclusões éticas. Por exemplo, de todas as escolhas disponíveis ao Bom Samaritano, socorrer o homem roubado era a que causaria a máxima felicidade para o maior número de pessoas. Em uma análise utilitarista — que é uma forma de naturalismo ético — concluiria-se que socorrer o homem seria portanto uma ação moralmente boa. Entretanto, um antinaturalista, usando o Argumento da Pergunta em Aberto, ressaltaria que não seria lógico perguntar-se: "Esta ação provavelmente dará origem à máxima felicidade para o maior número de pessoas, mas é a coisa moralmente certa a se fazer?" Se essa versão do naturalismo fosse verdadeira, não haveria sentido em fazer essa pergunta: a resposta seria óbvia. Assim, afirma o antinaturalista, tal pergunta permanece em aberto.

Um antinaturalista alegaria que o mesmo tipo de pergunta poderia ser feita sobre qualquer situação na qual se espera que uma descrição de qualidades naturais dê origem automaticamente a uma conclusão. O Argumento da Pergunta em Aberto é um meio pelo qual antinaturalistas dão sustentação ao seu lema (ou *slogan*) "De 'é' não vem 'deveria ser'".

Não há natureza humana

Outros filósofos, como Jean-Paul Sartre (1905-1980) em sua palestra *Existencialismo* e *humanismo*, atacaram a ética naturalista (pelo menos a do tipo que diz que a moralidade é determinada por fatos sobre a natureza humana) por um ângulo diferente. Afirmaram que é um erro presumir, como faz a teoria da virtude, que existe algo como natureza humana. Isso, declaram, é uma forma de auto-engano, uma negação da grande responsabilidade de cada um de nós. Todos temos de escolher nossos valores por nós mesmos, e não há respostas simples para perguntas éticas. Não podemos calcular o que devemos fazer a partir de uma descrição científica do mundo; não obstante, somos todos forçados a tomar decisões éticas. É um aspecto da condição humana que tenhamos de fazer esses julgamentos de valor, mas sem quaisquer linhas firmes de orientação fora de nós mesmos. Naturalismo em ética é uma negação auto-enganosa à liberdade do livre-arbítrio.

Relativismo moral

Diferentes sociedades têm diferentes costumes e idéias a respeito de certo e errado. Não há um consenso mundial sobre que ações são certas e erradas, ainda que exista uma considerável coincidência entre as concepções. Se considerarmos o quanto os valores morais mudaram, tanto de lugar para lugar, quanto de época para época, pode ser tentador achar que não há fatos morais absolutos, mas sim que a moralidade é sempre relativa à sociedade em que você foi criado. Por esse ponto de vista, uma vez que a escravidão era moralmente aceitável para a maioria dos gregos antigos, mas não o é para a maioria dos europeus hoje, a escravidão era correta no contexto dos antigos gregos, mas seria errada no contexto europeu atual. Esse ponto de vista, conhecido como relativismo moral, torna a moralidade simplesmente uma descrição dos valores esposados por uma sociedade particular num momento particular. Essa é uma posição metaética sobre a natureza dos julgamentos morais: só podem ser considerados verdadeiros ou falsos relativamente a uma sociedade particular. Não haveria, portanto, julgamentos morais absolutos: são todos relativos. O relativismo moral contesta frontalmente o ponto de vista de que algumas ações são certas ou erradas de modo absoluto, tal como defendido, por exemplo, por muitos que acreditam que a moralidade consiste nas ordens de Deus à humanidade.

Os relativistas costumam acrescentar à sua concepção de moralidade a convicção de que como a moralidade é relativa, nunca deveríamos interferir nos costumes de outras sociedades, pois não há um ponto de vista neutro a partir do qual julgar. Esta opinião foi particularmente popular entre antropólogos, talvez por terem testemunhado com freqüência a destruição infligida a outras sociedades por uma importação nua e crua de valores ocidentais. Quando o relativismo moral tem o acréscimo deste componente, indicando como deveríamos nos comportar para com outras sociedades, é geralmente conhecido como relativismo normativo.

Críticas ao relativismo moral

Os relativistas são inconsistentes?

Os relativistas morais às vezes são acusados de inconsistência, uma vez que alegam que todos os julgamentos morais são relativos, mas ao mesmo tempo querem que acreditemos que a teoria do relativismo moral é ela própria *absolutamente* verdadeira. Isto só é um problema sério para um relativista moral que é também um relativista quanto à verdade, isto é, alguém que acredita que não existe verdade absoluta, apenas verdades relativas a sociedades particulares. Esse tipo de relativista não pode defender nenhuma teoria, muito menos declarar que alguma delas é *absolutamene* verdadeira.

Relativistas normativos também estão vulneráveis à acusação de inconsistência. Eles acreditam não só que todos os julgamentos morais são relativos à sua sociedade, mas que as sociedades não deveriam interferir umas nas outras. No entanto, essa segunda convicção é com certeza exemplo de um julgamento moral absoluto, incompatível com a premissa básica do relativismo normativo. Esta é a maior crítica ao relativismo normativo.

O que considerar como sociedade?

Os relativistas morais costumam ser vagos a respeito do que considerar uma sociedade. Por exemplo, na Grã-Bretanha contemporânea há com certeza membros de subculturas que acreditam ser moralmente aceitável usar drogas ilícitas para fins recreativos. Em que ponto um relativista estará preparado para dizer que os membros dessas subculturas formam uma sociedade separada, concluindo que possuem sua própria moralidade, a qual é imune a críticas de outras culturas? Não há resposta óbvia para esta pergunta.

Impedimento de críticas morais aos valores de uma sociedade

Ainda que a crítica anterior pudesse ser refutada, coloca-se uma dificuldade a mais quanto ao relativismo moral. Parece impedir a possibilidade de crítica moral aos valores essenciais de uma sociedade. Se julgamentos morais são definidos em termos dos valores capitais daquela sociedade, nenhuma crítica a esses valores pode usar argumentos *morais* contra eles. Em uma sociedade na qual a idéia predominante é que as mulheres não deviam ter direito a votar, qualquer pessoa advogando o sufrágio feminino estaria sugerindo algo relativamente imoral aos valores daquela sociedade.

Emotivismo

Uma outra importante teoria metaética é conhecida como emotivismo, ou não-cognitivismo. Emotivistas tais como A. J. Ayer (1910-1988), no capítulo 6 de seu *Language, Truth and Logic*, alega que todas as afirmações éticas são literalmente sem sentido. Elas não expressam fatos de espécie alguma; o que expressam é a emoção daquele que fala. Julgamentos morais não têm significado literal algum: são apenas expressões de emoção, como resmungos, suspiros ou risadas.

Então, quando alguém diz "tortura é errado" ou "vocês deviam dizer a verdade", não está fazendo mais do que mostrar como se sente a respeito de tortura ou de falar a verdade. O que se está dizendo não é nem verdadeiro, nem falso: é mais ou menos o mesmo que gritar "Buuuu!" à menção de tortura ou "Hurra!" à menção de falar a verdade. De fato, o emotivismo foi às vezes chamado de teoria Buuuu/Hurra. Se alguém grita "Buuuu!" ou "Hurra!" não só para demonstrar o que sente, mas também para estimular os outros a partilharem seu sentimento, o mesmo ocorreria nas afirmações morais: quem fala estaria tentando convencer alguém a pensar do mesmo modo sobre a questão.

Críticas ao emotivismo

Discussão moral impossível

Uma crítica ao emotivismo é que, se fosse verdade, toda discussão moral seria impossível. O mais próximo que poderíamos chegar de uma discussão moral seria ter duas pessoas expressando suas emoções uma para a outra: o equivalente a uma gritar "Buuuu!" e a outra "Hurra!". Mas, como se alega, temos realmente sérios debates sobre questões morais, donde o emotivismo deve ser falso.

Entretanto, um emotivista não veria nesta crítica ameaça alguma à teoria. Muitos diferentes tipos de argumentação são usados nos chamados debates morais. Por exemplo, ao discutir a questão ética prática de se o aborto provocado é ou não moralmente aceitável, o que está em questão pode em parte ser matéria factual. Pode ser uma questão de que o que se está discutindo é o quanto um feto seria capaz de sobreviver fora do útero. Esta seria mais uma questão científica do que ética. Ou então pessoas aparentemente envolvidas em um debate ético podem estar preocupadas com a definição de termos éticos tais como "certo", "errado", "responsabilidade", e assim por diante: o emotivista admitiria que esse debate pode ser significativo. Só os efetivos julgamentos morais, tais como "Matar pessoas é errado", é que são meramente expressões de emoção.

Portanto, um emotivista concordaria que algum debate significativo sobre questões morais de fato ocorre: somente quando os participantes fazem efetivos julgamentos morais é que a discussão torna-se uma expressão sem sentido de emoção.

Conseqüências perigosas

Uma segunda crítica ao emotivismo é que, mesmo que seja verdadeiro, é provável que tenha conseqüências perigosas. Se todo mundo viesse a acreditar que uma afirmação como "Assassinato é errado" equivale a dizer "Assassinato: eca!", então, afirma-se, a sociedade desabaria.

Uma opção, tal como a kantiana, de que julgamentos morais se aplicam a todo mundo — logo, são impessoais — dá bons motivos para que os indivíduos se atenham a um código moral aceito de modo geral. Mas se tudo o que estamos fazendo quando expressamos um julgamento moral é expressar nossas emoções, parece não importar muito quais julgamentos morais escolhemos fazer: poderíamos igualmente afirmar "torturar criancinhas é certo" se é assim que nos sentimos. E ninguém poderia entrar em significativa discussão moral conosco sobre esse julgamento. O melhor que poderiam fazer seria expressar seus próprios sentimentos morais sobre o assunto. Entretanto, este não é realmente um argumento contra o emotivismo, uma vez que não contesta diretamente a teoria: é só uma indicação dos perigos para a sociedade se o emotivismo viesse a ser amplamente aceito como verdadeiro, o que é uma questão à parte.

Conclusão

Como se pode ver por esta breve discussão, a filosofia moral é uma área vasta e complicada da filosofia. Filósofos britânicos e norte-americanos do pós-guerra tenderam a se concentrar em questões metaéticas. Entretanto, em anos recentes, voltaram sua atenção sobretudo para problemas éticos práticos tais como a moralidade da eutanásia, do aborto, da pesquisa com embriões, das experiências com animais e muitos outros tópicos. Se por um lado a filosofia não dá respostas fáceis para estas ou quaisquer questões morais, proporciona um vocabulário e uma estrutura dentro dos quais essas questões podem ser inteligentemente discutidas.

Leituras adicionais

The Moral Philosophers, de Richard Norman (Oxford: Clarendon Press, 1998), é uma excelente introdução à história da ética: inclui sugestões detalhadas para leituras.

A melhor introdução ao utilitarismo é *Utilitarianism and Its Critics*, organização de Jonathan Glover (Nova York: Macmillan, 1990), que inclui excertos dos textos mais importantes de Bentham e Mill, bem como obras mais recentes sobre o utilitarismo e suas variantes. Parte do material possui nível bastante avançado, mas as introduções de Glover a cada seção ajudam muito.

Sobre o tema da ética aplicada, *Causing Death and Saving Lives*, de Jonathan Glover (Londres: Penguin, 1977) e *Ética prática*, de Peter Singer (São Paulo: Martins Fontes, 2002), são ambos interessantes e acessíveis. *Applied Ethics*, organização de Peter Singer (Oxford: Oxford University Press, 1986), é uma excelente seleção de ensaios. *A Companion to Ethics*, também organizado por Peter Singer (Oxford: Blackwell, 1991), é uma introdução mais substancial a um vasto âmbito de tópicos dentro da ética.

Ethics: Inventing Right and Wrong, de J. L. Mackie (Londres: Penguin, 1977) e *Contemporary Moral Philosophy*, de G. J. Warnock (Londres: Macmillan, 1967) são livros introdutórios à filosofia moral que valem a pena ser lidos, embora nenhum dos dois seja fácil.

Capítulo 3

Política

O que é igualdade? O que é liberdade? São metas que valem a pena? Como podem ser alcançadas? Que justificativa se pode dar para o Estado restringir, como faz, a liberdade dos infratores da lei? Há alguma circunstância em que se deveria infringir a lei? Estas são perguntas importantes para qualquer um. Filósofos políticos tentaram esclarecê-las e respondê-las. A filosofia política é uma disciplina vasta, superpondo-se à ética, economia, ciência política e história das idéias. Os filósofos políticos geralmente escrevem em reação às situações políticas nas quais se encontram. Nesta área, mais do que na maioria das áreas, o conhecimento dos antecedentes históricos é importante para se entender os argumentos de um filósofo. Evidentemente, não há espaço, neste livro curto, para montar um cenário histórico. Para os interessados na história das idéias, a seção "leituras adicionais" no final do capítulo pode ser muito útil.

Neste capítulo, concentro-me nos conceitos políticos capitais de igualdade, democracia, liberdade, castigo e desobediência civil, examinando as questões filosóficas a que dão origem.

Igualdade

A igualdade costuma ser apresentada como uma meta política, um ideal digno de ser buscado. Os que propugnam alguma forma de igualdade são conhecidos como igualitaristas. A motivação para se conseguir essa igualdade é geralmente de ordem moral: pode se fundamentar na crença cristã de que somos todos iguais aos olhos de Deus, na crença kantiana na racionalidade da igualdade de respeito por todas as pessoas ou talvez na crença utilitarista de que tratar as pessoas igualmente é o melhor meio de maximizar a felicidade. Os igualitaristas afirmam que os governos deveriam se esforçar para, em vez de apenas reconhecer, passar a proporcionar algum tipo de igualdade nas vidas daqueles a quem governam.

Mas como devemos entender "igualdade"? Obviamente, seres humanos jamais poderiam ser iguais em tudo. Os indivíduos diferem em inteligência, beleza, habilidade atlética, altura, cor de cabelo, lugar de nascimento, senso de vestuário e de muitos outros modos. Seria ridículo afirmar que as pessoas deveriam ser iguais em todos os aspectos. A uniformidade total tem pouco atrativo. Os igualitaristas não podem estar propondo um mundo habitado por clones. E no entanto, apesar do óbvio absurdo de se interpretar igualdade como uniformidade, há oponentes do igualitarismo que persistem em retratá-lo desse modo. Este é um exemplo de como se montar um homem de palha (ou um espantalho): criar um alvo fácil para poder derrubá-lo com facilidade. Crêem que refutaram o igualitarismo destacando os modos importantes em que as pessoas diferem, ou vendendo o peixe de que, mesmo que a quase uniformidade pudesse ser conseguida, as pessoas muito rapidamente retornariam a algo semelhante à sua condição anterior. Entretanto, esse ataque só consegue sucesso se lançado contra uma caricatura da teoria (o "homem de palha") e deixa incólume a maioria das versões do igualitarismo.

A igualdade é, então, sempre igualdade em certos aspectos, não em todos. Então, quando alguém se declara um igualitarista, é importante descobrir em que sentido. Em outras palavras, "igualdade" usada no contexto político é algo mais ou menos sem sentido, a não ser que exista alguma explicação sobre o que deveria ser mais igualmente partilhado, e por quem. Os igualitaristas costumam afirmar que aquilo que deveria ser igualmente ou mais igualmente distribuído é: renda, acesso ao emprego e poder político. Mesmo levando em conta que os gostos das pessoas diferem consideravelmente, esses três elementos podem contribuir de modo significativo para uma vida agradável e que valha a pena. Distribuir esses bens mais igualmente é um meio de conceder aos seres humanos o mesmo respeito.

Distribuição igual de renda

Um igualitarista extremista poderia afirmar que deveria haver igualdade financeira entre todos os seres humanos adultos, todos recebendo a mesma renda. Na maioria das sociedades, o dinheiro é necessário para que as pessoas vivam; sem isso, não há alimentação, habitação, vestuário.

A redistribuição poderia ser justificada, por exemplo, segundo premissas utilitaristas, como o meio com maior probabilidade de maximizar a felicidade e minimizar o sofrimento.

Críticas à distribuição igual de renda

Não é prática e dura pouco

É bastante óbvio que a igualdade financeira é uma meta inatingível. As dificuldades práticas da distribuição de renda dentro de uma cidade seriam imensas; distribuir dinheiro igualmente entre todo ser humano adulto seria um pesadelo logístico. Então, realisticamente, o melhor pelo que este tipo de igualitarista poderia esperar seria o estabelecimento de um salário fixo a todos os trabalhadores adultos.

Mas, mesmo que pudéssemos chegar muito próximo de uma igual distribuição de riqueza, isso duraria pouco. Pessoas diferentes usariam seu dinheiro de modos diferentes; os espertos, os trapaceiros e os fortes rapidamente adquiririam o dinheiro dos fracos, dos bobos e dos ignorantes. Alguns esbanjariam, outras poupariam, outros ainda jogariam, assim que o obtivessem, ou roubariam para aumentar sua porção. O único meio de manter algo semelhante a uma igual distribuição de riqueza seria a intervenção pela força a partir de cima. Isto sem dúvida envolveria uma desagradável intromissão na vida das pessoas, limitando-lhes a liberdade.

Pessoas diferentes merecem quantias diferentes

Outra objeção à igual distribuição de renda é que pessoas diferentes merecem diferentes remunerações pelos serviços que prestam e pela contribuição dada à sociedade. Assim, por exemplo, às vezes alega-se que ricos chefes das indústrias merecem os vastos salários que se atribuem por causa de sua relativamente maior contribuição à nação: eles geram empregos e, assim, aumentam o bem-estar econômico geral de todo o país em que operam.

Mesmo que *não mereçam* salários maiores, talvez salários maiores sejam necessários como um incentivo para que o trabalho seja feito de modo eficiente, os benefícios gerais para a sociedade compensando os custos: sem eles, poderia haver muito menos para se distribuir por todos. Sem o incentivo de um pagamento elevado, ninguém capaz de dar conta do serviço o assumiria.

Aqui nos deparamos com uma diferença fundamental entre os igualitaristas e os que acreditam que as flagrantes desigualdades em riqueza entre indivíduos são aceitáveis. É uma convicção básica da maioria dos igualitaristas que apenas diferenças moderadas em riqueza entre indivíduos são aceitáveis, e que idealmente essas diferenças deveriam corresponder a diferenças em necessidades. Isto desperta mais uma crítica ao princípio de igual distribuição de renda.

Pessoas diferentes têm necessidades diferentes

Há quem precise de mais dinheiro para viver do que outros. Um paciente que recebe um dispendioso tratamento médico diário teria muito poucas chances de sobreviver em uma sociedade na qual cada indivíduo é limitado a uma parcela igual da riqueza total daquela sociedade, a não ser, é claro, que fosse uma sociedade particularmente rica. Um método de distribuição baseado na necessidade individual iria mais ao encontro do respeito pela humanidade comum do que um método que não levasse isto em conta.

Não há direito de redistribuir

Alguns filósofos afirmam que não importa o quanto uma meta de redistribuição de renda possa parecer atraente, isso violaria os direitos dos indivíduos de conservar sua propriedade, e que essa violação é sempre moralmente errada. Esses filósofos alegam que direitos sempre vencem quaisquer outras considerações, como as utilitaristas. Robert Nozick (1938-), em seu *Anarquia, Estado e utopia* (Rio de Janeiro: Zahar, 1991), toma esta posição, enfatizando um direito básico de se conservar a propriedade legalmente adquirida.

Esses filósofos ficam com o problema de responder quais são exatamente esses direitos, e de onde se originam. Por "direitos" eles não se referem a direitos legais, embora possam, em uma sociedade justa, coincidir com direitos legais: direitos legais, ou seja, estabelecidos pelo governo ou por autoridade apropriada. Os direitos em questão são direitos naturais que deveriam idealmente orientar a formação de leis. Alguns filósofos discordaram da idéia de que esses direitos naturais poderiam existir: Bentham foi quem reconhecidamente rejeitou a noção como um "rematado disparate". No mínimo, quem alega que o Estado não tem o direito de distribuir a riqueza deveria ser capaz de explicar a fonte desses supostos direitos naturais de propriedade, em vez de simplesmente afirmar sua existência. Defensores dos direitos naturais não conseguiram fazer isso.

Igual oportunidade de emprego

Muitos igualitaristas acreditam que todos deveriam ter oportunidades iguais, mesmo que não possa haver igualdade de distribuição de riqueza. Uma área importante em que há um grande volume de desigualdade de tratamento é a do emprego. Igualdade de oportunidades de emprego não significa que todos deveriam ocupar a função que desejassem, independente de suas capacidades: a idéia de que qualquer um deveria poder tornar-se dentista ou cirurgião, não importa o quanto sua coordenação motora seja ruim, é claramente absurda. O que igualdade de oportunidades significa é igual oportunidade para os que são dotados de técnicas e capacidades relevantes para executar o trabalho em questão. Isto ainda poderia ser encarado como uma forma de tratamento desigual, uma vez que algumas pessoas têm a sorte de nascer com maior potencial genético do que outras, ou de ter recebido melhor educação, levando vantagem em uma competição aparentemente igual no mercado de trabalho. Entretanto, a igualdade de oportunidades no emprego é em geral advogada como apenas um aspecto de um movimento em direção à maior igualdade de vários tipos, assim como igualdade de acesso à educação.

A demanda por igualdade de oportunidades no emprego é amplamente motivada pela oposição a uma muito difundida discriminação racial e sexual em algumas profissões. Os igualitaristas afirmam que qualquer pessoa com qualificações relevantes deveria receber igual consideração na busca de emprego. Ninguém deveria ser discriminado por motivos raciais ou sexuais, exceto naqueles raríssimos casos em que raça ou sexo podem ser considerados uma qualificação relevante para executar o trabalho em questão: por exemplo, seria impossível para uma mulher ser uma doadora de esperma, portanto não transgrediria qualquer princípio de igualdade de oportunidades rejeitar qualquer candidato do sexo feminino a esse serviço.

Há igualitaristas que fazem mais que exigir igualdade de tratamento profissional: afirmam que é importante livrar-se dos desequilíbrios existentes em determinadas profissões, por exemplo, a predominância de juízes homens sobre juízas. Esse método de reparação dos desequilíbrios é conhecido como discriminação inversa.

Discriminação inversa

Discriminação inversa, na prática, significa o recrutamento de pessoas de grupos anteriormente desprivilegiados. Em outras palavras, a discriminação inversa trata candidatos a emprego de forma desigual, ao favorecer grupos contra os quais a discriminação costumava ser dirigida. O objetivo é acelerar o processo igualitário, não só acabando com os desequilíbrios existentes dentro de certas profissões, mas também proporcionando modelos de comportamento para os jovens de grupos tradicionalmente menos privilegiados.

Assim, por exemplo, na Grã-Bretanha há mais conferencistas de filosofia homens nas universidades, apesar do fato de que muitas mulheres estudam esta matéria na pós-graduação. Um defensor da discriminação inversa afirmaria que, em vez de esperar que essa situação mude, deveríamos agir positivamente, e discriminar em favor das mulheres que se candidatassem a palestrantes universitárias. Isso significa que se tanto um homem quanto uma mulher se candidatassem a essa mesma posição e fossem de capacidade aproximadamente igual, deveríamos escolher a mulher. Mas a maioria dos defensores da discriminação inversa iria mais longe, afirmando que, mesmo que a mulher fosse uma candidata mais fraca do que o homem, mas competente o bastante para cumprir os deveres associados à função, deveríamos empregá-la preferencialmente a ele. A discriminação inversa é uma medida temporária, usada até que a porcentagem de membros do grupo tradicionalmente excluído reflita mais ou menos a porcentagem de membros desse grupo na população como um todo. Em alguns países, isso é ilegal; em outros, é exigido por lei.

Críticas à discriminação inversa

Antiigualitarista

Os métodos da discriminação inversa podem ser igualitaristas, mas há quem os considere injustos. Para um igualitarista convicto, um princípio de igual oportunidade no emprego significa que qualquer forma de discriminação, por motivos não relevantes, deve ser evitada. O único pretexto para se tratar candidatos de modo diferente é a diferença entre seus atributos. No entanto, toda a justificação da discriminação inversa se apóia na pressuposição de que, na maioria dos empregos, sexo, preferências sexuais e origem racial do candidato são irrelevantes. Portanto, não importa o quanto o resultado final da discriminação inversa possa ser atraente, deveria ser inaceitável para alguém comprometido com a igualdade de oportunidade como um princípio fundamental.

Um defensor da discriminação inversa poderia responder que o atual estado de coisas é muito mais injusto para membros de grupos desfavorecidos do que uma situação em que a discriminação inversa é amplamente praticada. Alternativamente, em casos onde essa política extrema é inapropriada, as origens raciais ou o sexo do candidato podem tornar-se qualificações relevantes para executar o trabalho, uma vez que parte da função de alguém escolhido desse modo seria servir como um modelo de desempenho para mostrar que o trabalho pode ser feito por membros desse grupo.

Entretanto, é discutível se esta última situação é de todo de discriminação inversa: se esses atributos são relevantes, então, levá-los em conta ao escolher pessoal não é realmente uma forma de discriminação, mas sim um ajuste do que entendemos ser as qualidades mais importantes para executar um trabalho específico.

Pode levar a ressentimentos

Embora o objetivo da discriminação inversa seja criar uma sociedade em que o acesso a certas profissões seja mais igualitariamente distribuído, na prática isso pode ser motivo de ainda mais discriminação contra os grupos desfavorecidos. Os que não conseguem um determinado emprego porque não vêm de um grupo desfavorecido podem se ressentir contra os que conseguem empregos em grande parte por causa de seu sexo ou origem racial. Este é um problema particular quando empregadores escolhem candidatos visivelmente incapazes de executar bem os seus deveres, o que não só confirma os piores preconceitos de seus empregadores e colegas, como também dá ensejo a que esses novos contratados sejam fracos modelos de desempenho para outros membros de seu grupo. A longo prazo, isso pode comprometer o movimento geral rumo a uma igualdade de acesso a empregos que se espera ser conseguida pela discriminação inversa. Entretanto, essa crítica pode ser rebatida garantindo-se que o padrão mínimo de capacidade de um candidato que consegue o emprego devido à discriminação inversa seja relativamente elevado.

Igualdade política: democracia

Outra área em que a igualdade é buscada é a da participação política. A democracia costuma ser celebrada como o método que permite a todos os cidadãos uma participação efetiva na tomada de decisões políticas. Entretanto, a palavra "democracia" é usada de muitos modos diferentes. Duas visões de democracia potencialmente conflitantes se destacam. A primeira enfatiza a necessidade de que membros da população tenham a oportunidade de participar do governo do Estado, geralmente através do voto. A segunda enfatiza a necessidade de que um Estado democrático reflita os verdadeiros interesses do povo, mesmo que o próprio povo possa ignorar onde residem seus verdadeiros interesses. Aqui, vou me concentrar no primeiro tipo de democracia.

Na Grécia antiga, uma democracia era uma cidade-Estado governada pelo povo, em vez de por poucos (uma oligarquia) ou por uma pessoa (uma monarquia). A antiga Atenas é considerada um modelo de democracia, embora seja errado pensar nela como dirigida pelo povo como um todo, já que mulheres, escravos e muitos outros não cidadãos que viviam na cidade-Estado não tinham permissão de participar dela. Nenhum Estado democrático permite que *todos* os que vivem dentro de seu controle votem: isso incluiria inúmeras pessoas que seriam incapazes de entender o que estavam fazendo, tal como crianças pequenas e os doentes mentais graves. Entretanto, um Estado que negasse participação política a uma grande proporção de seu povo não poderia merecer hoje o nome de democracia.

Democracia direta

Os primeiros Estados democráticos foram democracias diretas; isto é, os que eram aptos para votar discutiam e votavam em cada questão, em vez de eleger representantes. Democracias diretas só são viáveis com um pequeno número de participantes, ou quando relativamente poucas decisões têm de ser tomadas. As dificuldades práticas de um grande número de pessoas votando em uma ampla variedade de questões são imensas, embora isso seja imaginável em nossos tempos, com a comunicação eletrônica. Mas mesmo que se conseguisse, para que essa democracia chegasse a decisões razoáveis, os eleitores precisariam ter uma boa compreensão das questões em que estavam votando, algo que exigiria tempo e um programa de educação. Seria provavelmente esperar demais que todos os cidadãos estivessem a par das questões relevantes. As democracias de hoje são democracias representativas.

Democracia representativa

Em uma democracia representativa realizam-se eleições em que os que votam escolhem seus representantes preferidos. Esses representantes, então, tomam parte do processo cotidiano de tomada de decisões, processo que pode ser organizado a partir de algum tipo de princípio democrático. Há diversos modos diferentes de se conduzir essas eleições: algumas exigem uma decisão majoritária; outras, como a utilizada na Grã-Bretanha, operam um sistema de "o primeiro a cruzar a linha", o qual permite que representantes sejam eleitos ainda que uma maioria do eleitorado não vote neles, contanto que ninguém receba mais votos do que eles.

Democracias representativas de fato operam um governo pelo povo de alguns modos, mas não de outros. Isso é verdadeiro na medida em que os eleitos foram escolhidos pelo povo. Uma vez eleitos, entretanto, os representantes não se mantêm presos a questões particulares pelos desejos do povo. Eleições freqüentes são uma salvaguarda contra os abusos do cargo: os representantes que não respeitam os desejos do eleitorado provavelmente não serão reeleitos.

Críticas à democracia

Uma ilusão

Alguns teóricos, particularmente influenciados por Karl Marx (1818-1883), atacaram as formas de democracias esboçadas acima afirmando que elas provêem um senso meramente ilusório de participação na tomada política de decisões. Alegam que o processo eleitoral não garante governo pelo povo. Alguns eleitores podem não entender onde residem seus melhores interesses, ou podem ser tapeados por oradores habilidosos. Além disso, a série de candidatos apresentada na maioria das eleições não oferece aos votantes uma autêntica livre escolha. É difícil dizer por que esse tipo de democracia é tão louvado quando equivale a escolher entre dois ou três candidatos com programas políticos virtualmente indistinguíveis. Isto, dizem os marxistas, é mera "democracia burguesa", simplesmente refletindo relações de poder existentes, que por sua vez são resultado de relações econômicas. Enquanto essas relações de poder não tiverem sido reformadas, dando uma chance à população, votar em eleições é uma perda de tempo.

Eleitores não são competentes

Outros críticos da democracia, muito especialmente Platão, destacaram que um processo de decisão político adequado exige um grande volume de competência política, qualidade que muitos eleitores não têm. A democracia direta, então, resultaria em um sistema político muito deficiente, uma vez que o Estado estaria nas mãos de pessoas com pouca competência ou conhecimento do que estavam fazendo. O capitão, e não os passageiros, deveria pilotar o navio.

Um argumento semelhante pode ser usado para atacar a democracia representativa. Muitos eleitores não se encontram em posição de avaliar a adequação de um candidato em particular. Uma vez que não podem avaliar programas políticos, escolhem seus representantes com base na aparência, em seu belo sorriso. Ou então seu voto é determinado por preconceitos não examinados sobre partidos políticos. Como resultado, muitos excelentes representantes potenciais permanecem inativos enquanto muitos inadequados são escolhidos com base nas qualidades inadequadas que eles por acaso tenham.

No entanto, estas evidências poderiam ser invertidas e usadas como um argumento a fim de educar os cidadãos para participação na democracia, em vez de abandonar a democracia por completo. E, mesmo que isso não seja possível, ainda pode ser verdade que a democracia representativa é, de todas as alternativas disponíveis, a que tem maior probabilidade de promover os interesses do povo.

O paradoxo da democracia

Acredito que a pena capital é bárbara e nunca deveria ocorrer em um Estado civilizado. Se, em um referendo sobre esse tópico, eu voto contra a instauração da pena capital, e, no entanto, a decisão da maioria é que ela deveria ser instaurada, vejo-me diante de um paradoxo. Como alguém dedicado aos princípios democráticos, acredito que a decisão da maioria deveria ser decretada. Como indivíduo de fortes convicções sobre o erro da pena capital, acredito que nunca deveria ser permitida. Então, neste caso, parece que eu *tanto* acredito que a pena capital deveria ocorrer (como resultado da decisão da maioria) *quanto* acredito que não deveria ocorrer (por minhas convicções pessoais). Mas essas duas convicções são incompatíveis. Qualquer um que se dedique a princípios democráticos provavelmente será confrontado por um paradoxo semelhante quando se achar em minoria.

Isto não derruba a noção de democracia, mas chama de fato atenção para a possibilidade de conflitos entre consciência e decisão da maioria, algo que discuto adiante, na seção sobre desobediência civil. Qualquer um que se dedique a princípios democráticos terá de decidir o peso relativo dado a convicções individuais e a decisões coletivas. Também terão de deixar bem claro o que significa "dedicação a princípios democráticos".

Liberdade

Tal como "democracia", "liberdade" é uma palavra que tem sido usada de muitos modos diferentes. No contexto político, há dois sentidos principais de liberdade: o negativo e o positivo, identificados e analisados por Isaiah Berlin (1909-97) em um artigo famoso, "Dois Conceitos de Liberdade".

Liberdade negativa

Uma definição de liberdade é a ausência de coerção. Coerção é quando outras pessoas o forçam a agir de um modo particular, ou o forçam a parar de agir de um modo particular. Se ninguém o está coagindo, você é livre neste sentido negativo de liberdade.

Se alguém o pôs na prisão e o está mantendo lá, então você não é livre. Nem você é livre se quiser deixar o país mas teve o seu passaporte confiscado; nem se quiser viver abertamente em um relacionamento homossexual, mas será processado se o fizer. Liberdade negativa é liberdade de obstáculo ou restrição. Se ninguém o está impedindo ativamente de fazer alguma coisa, então nesse sentido você é livre.

A maioria dos governos restringe a liberdade dos indivíduos em certa medida. Sua justificativa geral para isso é a necessidade de proteger todos os membros da sociedade. Se todo mundo estivesse em total liberdade para fazer o que bem quisesse, os mais fortes e impiedosos certamente prosperariam à custa dos fracos. Entretanto, muitos filósofos políticos liberais acreditam que deveria haver uma área de liberdade individual que fosse sacrossanta, a qual, contanto que não estivesse prejudicando qualquer outra pessoa, não seria da conta do governo. Em seu *Ensaio sobre a liberdade*, por exemplo, John Stuart Mill afirmou com veemência que os indivíduos deveriam ter o direito de conduzir as próprias "experiências de vida" livres de interferência do Estado, contanto que, no processo, ninguém fosse prejudicado.

Críticas à liberdade negativa

O que considerar como prejuízo?

Na prática, pode ser difícil decidir o que deve ser considerado como prejuízo para outras pessoas. Por exemplo, isso incluiria ferir os sentimentos alheios? Caso inclua, então todos os tipos de "experiências de vida" terão de ser excluídos, uma vez que ofendem um grande número de pessoas. Por exemplo, um vizinho pudico pode sentir-se ofendido por saber que o casal de vizinhos naturistas nunca está vestido. Ou, ainda, o casal naturista pode sentir-se ofendido por saber que todos os vizinhos só andam vestidos. Tanto os naturistas quanto seus vizinhos podem sentir-se magoados com os estilos de vida dos outros. Mill não acreditava que se sentir ofendido deveria ser considerado um prejuízo sério, mas traçar o limite entre ser ofendido e ser prejudicado nem sempre é fácil; por exemplo, muitas pessoas considerariam uma blasfêmia contra sua religião bem mais prejudicial a elas do que um dano físico. Baseados em que podemos dizer que estão erradas?

Liberdade positiva

Alguns filósofos atacaram a idéia de que liberdade negativa é o tipo de liberdade que deveríamos lutar para aumentar. Afirmam que a liberdade positiva é uma meta política muito mais importante. Liberdade positiva é liberdade de exercer controle sobre sua própria vida. Você é livre no sentido positivo se de fato exerce esse controle, e não é livre se não o exerce, ainda que não esteja de modo algum sendo coagido. A maior parte dos defensores do conceito positivo de liberdade acredita que a autêntica liberdade reside em algum tipo de auto-realização dos indivíduos, ou mesmo dos Estados, em suas próprias escolhas de vida.

Por exemplo, estaria exercendo sua liberdade o alcoólatra que é levado, contra o seu melhor julgamento, a gastar todo o seu dinheiro em uma orgia de bebedeira? Parece intuitivamente implausível, em particular se, em momentos sóbrios, o alcoólatra lamenta esses momentos. Tenderíamos em vez disso a pensar no alcoólatra como controlado pela bebida: um escravo do impulso. Apesar da falta de restrição, pelo cômputo positivo o alcoólatra não é autenticamente livre.

Mesmo um propugnador da liberdade negativa poderia afirmar que os alcoólatras, como as crianças, deveriam ser restringidos de algum modo, por não serem plenamente responsáveis por suas ações. Mas se alguém costuma tomar decisões insensatas, desperdiça todos os seus talentos e estraga a própria vida, então, de acordo com os princípios de Mill, temos o direito de repreender essa pessoa, mas nunca de coagi-la a um melhor modo de vida. Essa coação envolveria limitar sua liberdade negativa. Os que defendem um princípio de liberdade positiva poderiam afirmar que essa pessoa não é verdadeiramente livre até realizar seu potencial e vencer suas tendências ao desvio. Disto até defender a coação, como um caminho para a autêntica liberdade, é um curto passo. Isaiah Berlin afirma que a concepção positiva de liberdade pode ser usada para permitir todos os tipo de coação injusta: agentes do Estado podem forçá-la a se comportar de certos modos sob o pretexto de que estão ajudando a aumentar sua liberdade. De fato, Berlin destaca que historicamente o conceito positivo de liberdade foi usado de maneira abusiva deste modo. Não por um erro intrínseco à concepção positiva; mas a história demonstrou que trata-se de uma arma perigosa quando usada de modo distorcido.

Privação da liberdade: castigo

O que pode justificar a privação da liberdade como uma forma de castigo? Em outras palavras, que motivos podem ser apresentados para se restringir pessoas, tirando-lhes a liberdade no sentido negativo? Como vimos na seção anterior, a noção de liberdade positiva pode ser usada para justificar alguns modos de coação de indivíduos: somente sendo protegidas contra si próprias essas pessoas podem alcançar verdadeira liberdade.

Filósofos tentaram justificar o castigo de indivíduos pelo Estado de quatro modos principais: retribuição, freio, proteção para a sociedade e reabilitação da pessoa castigada. O primeiro modo é defendido a partir de uma posição ontológica; os outros três, por motivos conseqüencialistas.

O castigo como retribuição

Em sua forma mais simples, o retributivismo é o ponto de vista sob o qual quem intencionalmente viola a lei merece o castigo que recebe, independente de haver nisso qualquer conseqüência benéfica para os indivíduos envolvidos ou para a sociedade. Os que violam intencionalmente a lei precisam pagar por isso. É evidente que haverá muitas pessoas incapazes de plena responsabilização por terem violado a lei, e essas merecem castigo mais brando, ou, em casos extremos, como de graves doenças mentais, tratamento. Entretanto, em geral, de acordo com uma teoria retributivista, o castigo é justificado como a réplica adequada aos maus feitos. E ainda, a severidade do castigo deveria refletir a severidade do crime. Em sua forma mais simples de "olho por olho, dente por dente" (também conhecida como *lex talionis*), o retributivismo exige uma reação exatamente proporcional ao crime cometido. Para alguns crimes, como o de chantagem, é difícil ver em que essa reação poderia importar: não se esperará do juiz que sentencie o chantagista a passar seis meses sendo chantageado. Da mesma maneira é difícil entender como uma pessoa assolada pela pobreza e que rouba um relógio de ouro poderia ser castigada em exata proporção ao crime. Isto só é um problema para o princípio de olho por olho; com formas mais sofisticadas de retributivismo, o castigo não precisa refletir o crime.

Críticas ao retributivismo

Apela a sentimentos inferiores

O retributivismo parece se nutrir de sentimentos de vingança. Querer ir à desforra é a reação humana básica ao se sentir prejudicado. Oponentes do retributivismo reconhecem como esse sentimento é difundido, mas afirmam que o castigo pelo Estado deveria fundamentar-se em um princípio melhor do que "toma lá, dá cá" ou "bateu, levou". Entretanto, os que defendem justificações híbridas para o castigo costumam incluí-lo como um elemento em sua teoria.

Ignora efeitos

A principal crítica ao retributivismo é que ele não dá qualquer atenção aos efeitos do castigo sobre o criminoso ou sobre a sociedade. Questões como coibição, reforma e proteção são irrelevantes. De acordo com os retributivistas, criminosos merecem ser castigados, quer isso tenha um efeito benéfico sobre eles ou não. Os conseqüencialistas opõem-se a isso com base em que ação nenhuma pode ser moralmente certa, a não ser que tenha conseqüências benéficas, ao que os deontologistas poderiam replicar que, se uma ação é moralmente justificada, ela o é, não importam as conseqüências.

Coibição

Uma justificativa comum para o castigo é que ele desestimula a violação da lei: tanto pelo indivíduo que é castigado quanto por outros, que tomam conhecimento de que houve castigo, e que será aplicado também a eles caso violem a lei. Se você sabe que provavelmente acabará na cadeia, assim reza o argumento, é menos provável que escolha uma carreira de ladrão do que se achasse que poderia se safar sem castigo. Isso justifica castigar até mesmo os que não serão reabilitados pelo castigo: é mais importante que se veja que o castigo será o resultado do crime do que a mudança de comportamento do indivíduo envolvido. Este tipo de justificativa concentra-se exclusivamente nas conseqüências do castigo. O sofrimento dos que perdem sua liberdade é contrabalançado pelos benefícios à sociedade.

Críticas à coibição

Punição dos inocentes

Uma crítica muito séria à teoria do castigo como freio para o crime é que, pelo menos em sua forma mais simples, poderia ser usada para justificar o castigo de inocentes de qualquer crime pelo qual são acusados. Em algumas situações, castigar um bode expiatório que se acredita amplamente ter cometido um determinado crime terá um efeito dissuasivo muito forte em outros que pudessem estar considerando crimes semelhantes, principalmente se o público em geral permanece ignorante de que a vítima do castigo é na verdade inocente. Nesses casos, parece que estaríamos justificados em castigar inocentes — uma conseqüência nada atraente dessa teoria. Qualquer teoria plausível de dissuasão e coibição pelo castigo terá de rebater esta crítica.

Não funciona

Alguns críticos do castigo como freio para o crime argumentam que isso simplesmente não funciona. Até mesmo castigos extremos, como a pena de morte, não coíbem assassinos em série; castigos mais brandos, como multas e curtos períodos de prisão, não coíbem ladrões.

Este tipo de crítica baseia-se em dados empíricos. A relação entre tipos de castigo e taxas de criminalidade é extremamente difícil de se estabelecer, assim como há muitos fatores que podem distorcer a interpretação dos dados. Entretanto, se pudesse ser demonstrado de modo conclusivo que o castigo exerce pouco ou nenhum efeito inibitório, isto seria um golpe arrasador para essa justificativa em particular do castigo.

Proteção da sociedade

Uma outra justificativa do castigo baseada em suas pretensas conseqüências benéficas enfatiza a necessidade de proteger a sociedade de pessoas que têm tendência a violar a lei. Se alguém invadiu uma casa, então pode muito bem invadir outra. Assim, o Estado se justifica por trancafiá-la, a fim de impedir a reincidência. Essa justificativa é mais freqüentemente usada no caso de crimes violentos, como estupro ou assassinato.

Críticas à proteção da sociedade

Só é relevante para alguns crimes

Alguns tipos de crime, como o estupro, podem voltar a ser cometidos várias vezes pela mesma pessoa. Nesses casos, restringir a liberdade do criminoso minimizará a possibilidade de um novo crime. Entretanto, outros crimes são casos isolados. Por exemplo, uma esposa que guardou ressentimento do marido a vida inteira pode finalmente ganhar coragem para envenenar seu pote de cereais pela manhã. Essa mulher pode não representar qualquer ameaça para mais ninguém. Cometeu um crime muito sério, mas não é provável que volte a cometer. No caso dessa mulher, a proteção da sociedade não seria uma justificativa para castigá-la. Entretanto, na prática não há meio fácil de identificar os criminosos que não voltarão a delinqüir.

Não funciona

Uma outra crítica a essa justificativa do castigo é que prender criminosos só protege a sociedade em um certo prazo e que, a longo prazo, isso de fato resulta em uma sociedade mais perigosa porque, enquanto estão na prisão, os criminosos ensinam uns aos outros seus crimes. Então, a não ser que a prisão perpétua seja aplicada a todo crime sério, é improvável que o aprisionamento proteja a sociedade.

Mais uma vez, esse é um argumento empírico. Se suas alegações são verdadeiras, há bons motivos para combinar a proteção à sociedade com alguma tentativa de reformar os hábitos de criminosos.

Reforma

Uma justificativa adicional para castigar os que infringem a lei é a tendência do castigo a reformar os malfeitores. Isto é, o castigo serve para transformar-lhes o caráter, de forma a que eles não cometam mais crimes quando forem libertados. Por esse ponto de vista, retirar a liberdade pode servir como uma forma de tratamento.

Críticas à reforma

Só é relevante para alguns criminosos

Alguns criminosos não precisam de reforma. Os que cometem crimes como casos isolados em sua vida não deveriam ser castigados de acordo com esta justificativa, uma vez que é improvável que voltem a infringir a lei. E, também, há alguns criminosos que estão evidentemente além da possibilidade de reforma: não haveria sentido em castigar estes tampouco, supondo-se que pudessem ser identificados. Isso em si mesmo não é uma crítica à teoria, apenas uma visão mais detalhada do que a teoria implica. Entretanto, muita gente considerará essas implicações inaceitáveis.

Não funciona

Os castigos existentes raramente reformam criminosos. Entretanto, nem todos os tipos de castigo estão fadados ao fracasso. Esse tipo de argumento empírico só seria fatal para a idéia do castigo como reforma se pudesse ser demonstrado que essas tentativas de reforma jamais obtêm sucesso. Não obstante, muito poucas justificativas concentram-se exclusivamente nos aspectos de reforma do castigo. As justificativas mais plausíveis fazem da reforma um elemento justificativo ao lado da coibição e da proteção da sociedade. Essas justificativas híbridas são geralmente baseadas em princípios morais conseqüencialistas.

Desobediência civil

Até agora examinamos justificativas para se castigar infratores da lei. Os motivos para castigá-los eram morais. Mas poderia em algum momento ser moralmente aceitável infringir a lei? Nesta seção examino um tipo particular de infração da lei que é justificada por motivos morais: a desobediência civil.

Algumas pessoas afirmam que a infração da lei nunca pode ser justificada: se você está insatisfeito com a lei, deveria promover sua mudança por meio de canais legais, como fazer campanha, escrever cartas e assim por diante. Mas há muitos casos em que esse protesto legal é completamente inútil. Nessas circunstâncias existe uma tradição de infringência da lei, conhecida como desobediência civil. O ensejo para a desobediência civil surge quando as pessoas descobrem que estão lhes pedindo para obedecer a leis ou a políticas governamentais que consideram injustas.

A desobediência civil provocou mudanças importantes na lei e na política governamental. Um exemplo famoso é o movimento das *suffragettes* na Grã-Bretanha, que conseguiu promover o sufrágio feminino por meio de uma campanha publicitária de desobediência civil que incluiu manifestantes em protestos acorrentando-se a trilhos. Uma emancipação limitada foi finalmente obtida em 1918, quando foi permitido que mulheres com mais de trinta anos votassem em eleições, e isso foi parcialmente devido ao impacto social da Primeira Guerra Mundial. Não obstante, o movimento das *suffragettes* teve um papel significativo a desempenhar na mudança da lei injusta que impedia as mulheres de participar de eleições supostamente democráticas.

Mahatma Gandhi e Martin Luther King foram apaixonados defensores da desobediência civil. Gandhi exerceu imensa influência em promover a independência da Índia por meio de protestos ilegais não-violentos, o que eventualmente levou à retirada da soberania britânica; o desafio de Martin Luther King ao preconceito racial por métodos semelhantes ajudou a garantir direitos civis básicos para negros norte-americanos nos estados sulistas dos EUA.

Outro exemplo de desobediência civil foi a recusa de alguns norte-americanos a lutar na Guerra do Vietnã, apesar de convocados. Alguns o fizeram alegando que, já que qualquer forma de matar é moralmente errada, seria mais importante infringir a lei do que ir à guerra e possivelmente matar outros seres humanos. Outros não se opunham a todas as guerras, mas achavam que a guerra no Vietnã era injusta, colocando civis sob um grave risco sem nenhum bom motivo. A amplitude da oposição à guerra no Vietnã acabou levando à retirada dos Estados Unidos. A infringência pública da lei indubitavelmente alimentou essa oposição.

A tradição da desobediência civil é de infringência não violenta pública da lei, com o intuito de chamar atenção para leis ou políticas governamentais injustas. Os que agem dentro dessa tradição de desobediência civil não infringem a lei simplesmente para lucro pessoal; fazem-no a fim de chamar atenção para uma lei injusta ou uma política governamental moralmente censurável, e a fim de maximizar a publicidade para sua causa. Eis por que isso habitualmente ocorre em público, preferivelmente na presença de jornalistas, fotógrafos e câmeras de televisão. Por exemplo, um conscrito norte-americano que tenha jogado fora sua carta de convocação, durante a Guerra do Vietnã, e depois ocultou-se do exército simplesmente porque estava com medo de lutar, e não queria morrer, não estaria fazendo um ato de desobediência civil. Seria um ato de autopreservação. Se ele agisse do mesmo modo, não por medo quanto à sua segurança pessoal, mas por motivos morais, e no entanto agisse secretamente, não tornando seu caso público de modo algum, isso ainda não se constituiria um ato de desobediência civil. Por outro lado, um outro conscrito, que queimasse sua carta de convocação em público, enquanto fosse filmado para a televisão e fizesse uma declaração sobre por que achava o envolvimento norte-americano no Vietnã imoral estaria se engajando em desobediência civil.

O objetivo da desobediência civil, em última análise, é mudar leis ou políticas governamentais particulares, e não destruir por completo o primado da lei. Quem age dentro da tradição da desobediência civil em geral evita qualquer tipo de violência, não só porque isso pode solapar a causa, estimulando a retaliação e intensificando o conflito, mas basicamente porque sua justificativa para infringir a lei são motivos morais, e a maioria dos princípios morais só permite que se cause dano a outras pessoas em situações extremas, como quando você é atacado e precisa se defender.

Terroristas ou guerreiros pela liberdade (como você os chama depende do grau de simpatia que tem aos objetivos deles) usam atos de violência para fins políticos. Como os que se engajam em atos de desobediência civil, eles querem mudar o estado de coisas existentes, não por lucro pessoal, mas pelo bem geral, tal como eles o vêem. Eles diferem simplesmente nos métodos que estão dispostos a usar para provocar essa mudança.

Críticas à desobediência civil

Antidemocrática

Supondo-se que a desobediência civil ocorre em algum tipo de democracia, ela pode parecer antidemocrática. Se uma maioria de representantes democraticamente eleitos vota que uma lei particular deveria ser criada, ou que uma determinada política governamental, seja posta em prática, então infringir a lei como um protesto seria se opor ao espírito da democracia, sobretudo se é uma minoria muito reduzida de cidadãos que está envolvida no ato de desobediência civil. Por certo, o descontentamento geral com políticas governamentais é simplesmente o preço a pagar por viver em um Estado democrático. A desobediência civil de uma minoria, quando eficaz, parece dar aos poucos o poder de inverter a opinião da maioria. E isto soa bastante antidemocrático. No entanto, se a desobediência civil não for eficaz, parece haver pouco sentido em exercê-la. Então, por este ponto de vista, a desobediência civil é ou antidemocrática, ou inútil.

Por outro lado, é importante se dar conta de que atos de desobediência civil visam a destacar decisões ou práticas governamentais moralmente inaceitáveis. Por exemplo, o movimento pelos direitos civis nos EUA nos anos 1960, com manifestações bem divulgadas em desafio à segregação racial legalmente imposta, deu publicidade mundial ao tratamento injusto dos negros norte-americanos. Entendida deste modo, a desobediência civil é uma técnica para conseguir que a maioria — ou seus representantes — reconsidere sua posição sobre uma questão particular, em vez de um modo antidemocrático de modificar uma lei ou uma política.

Perigo de queda na ilegalidade

Uma outra objeção à desobediência civil é que ela estimula a infração da lei, o que poderia, a longo prazo, solapar o poder do governo e destruir o primado da lei, um risco que supera de longe quaisquer possíveis benefícios. Uma vez destruído o respeito pela lei, mesmo por motivos morais, o perigo é que se siga uma ilegalidade generalizada.

Este é um "argumento da ladeira escorregadia": se você dá um passo em uma determinada direção, não poderá interromper um processo que terá um fim obviamente desagradável. Exatamente como quem desliza e cai quando dá um passo em uma ladeira escorregadia, afirma-se que, ao tornar aceitáveis tipos menores de infração da lei, não haveria como parar antes que ninguém mais respeitasse a lei. Entretanto, esse tipo de argumento pode fazer o resultado final parecer inevitável, quando não é. Não há motivo para se acreditar que atos de desobediência civil solaparão o respeito pela lei ou, para continuar a metáfora da ladeira, não há motivo para acreditar que não possamos, em determinado ponto, cravar os calcanhares e dizer "até aqui e não mais além". De fato, alguns defensores da desobediência civil afirmam que, longe de destruir o primado da lei, o que eles fazem indica um profundo respeito pela lei. Se alguém está disposto a ser castigado pelo Estado por chamar atenção para o que acredita ser uma lei injusta, isso mostra que essa pessoa está comprometida com a posição geral de que as leis deveriam ser justas, e que leis justas deveriam ser respeitadas. Isso é muito diferente de violar a lei por ganho pessoal.

Conclusão

Neste capítulo, discuti um bom número de tópicos centrais da filosofia política. Subjacente a todos esses tópicos encontra-se a questão da relação do indivíduo com o Estado, e, em particular, a fonte da autoridade do Estado sobre o indivíduo, questão abordada de modo privilegiado em boa parte das leituras adicionais recomendadas a seguir.

O próximo capítulo e o que se segue concentram-se em nosso conhecimento e compreensão do mundo à nossa volta, com particular atenção ao que podemos aprender através de nossos sentidos.

Leituras adicionais

Para os interessados na história da filosofia política, *Great Political Thinkers*, de Quentin Skinner, Richard Tuck, William Thomas e Peter Singer (Oxford: Oxford University Press, 1992), proporciona uma boa introdução à obra de Maquiavel, Hobbes, Mill e Marx. Recomendo também *O pensamento político de Platão à OTAN*, organizado por Brian Redhead (Rio de Janeiro: Imago, 1989).

Political Philosophy: An Introduction, de Jonathan Wolff (Oxford: Oxford University Press, 1996), é uma introdução de amplo alcance a essa área da filosofia.

Ética prática, de Peter Singer (São Paulo: Martins Fontes, 2002), um livro que recomendo como leitura adicional ao capítulo 2, inclui uma discussão da igualdade, incluindo igualdade no emprego. Singer também apresenta a argumentação pela igualdade para os animais. *The Sceptical Feminist*, de Janet Radcliffe Richards (Londres: Penguin, 1994), é uma análise filosófica clara e incisiva de questões morais e políticas sobre as mulheres, incluindo a questão da discriminação inversa no emprego.

Democracy, de Ross Harrison (Londres: Routledge, 1993), é uma introdução lúcida a um dos conceitos centrais da filosofia política. Combina um levantamento crítico da história da democracia com uma análise filosófica do conceito tal como o utilizamos hoje.

Liberty, organizado por David Miller (Oxford: Oxford University Press, Oxford Readings in Politics and Government, 1991), inclui uma condensação do ensaio "Dois conceitos de liberdade",* de Isaiah Berlin. *On Liberty*, de John Stuart Mill (Londres: Penguin Classics, 1982), é a exposição clássica do liberalismo.

Civil Desobedience in Focus, organizado por Hugo Adam Bedau (Londres: Routlege, 1991), é uma interessante coletânea de artigos sobre o tópico, incluindo "Letter from Birmingham City Jail", de Martin Luther King.

Para os que desejam estudar filosofia política em maiores detalhes e em um nível mais adiantado, *Filosofia política contemporânea*, de Will Kymlicka (São Paulo: Martins Fontes, 2006), fornece uma avaliação crítica das tendências principais na atual filosofia política. É bastante difícil em determinados pontos.

*Este ensaio foi publicado no Brasil no livro *Ensaios sobre a humanidade* (São Paulo: Companhia das Letras, 2002). (*N. da E.*)

Capítulo 4

O mundo externo

Nosso conhecimento básico do mundo externo nos chega através dos cinco sentidos: visão, audição, tato, olfato e paladar. Para a maioria de nós, o sentido da visão desempenha o papel-chave. Sei como é o mundo fora de mim porque consigo vê-lo. Se me sinto inseguro quanto a se o que vejo realmente existe, geralmente posso estender a mão e tocá-lo, para ter certeza. Sei que caiu uma mosca na minha sopa porque posso vê-la e, se necessário, tocá-la e até prová-la. Mas qual é a relação precisa entre o que acho que vejo e o que está de fato diante de mim? Posso algum dia ter certeza sobre o que existe aí fora? Eu poderia estar sonhando? Os objetos continuam a existir quando ninguém os está observando? Em algum momento eu tenho experiência direta do mundo externo? Essas são todas perguntas sobre como adquirimos conhecimento do que nos cerca; pertencem ao ramo da filosofia conhecido como teoria do conhecimento ou epistemologia.

Neste capítulo, examinaremos muitas questões epistemológicas, concentrando-nos em teorias da percepção.

Realismo do senso comum

Realismo de senso comum é uma posição adotada pela maioria daquelas pessoas que não estudaram filosofia. Essa posição (ou ponto de vista) pressupõe que existe um mundo de objetos físicos — casa, árvores, carros, peixinhos dourados, colheres de chá, bolas de futebol, corpos humanos, livros de filosofia, e assim por diante — sobre o qual podemos aprender diretamente através de nossos cinco sentidos. Esses objetos físicos continuam a existir, quer os estejamos percebendo ou não. E, mais, esses objetos são mais ou menos como nos parecem: peixinhos dourados são realmente alaranjados e bolas de futebol são realmente esféricas. Isso porque nossos órgãos de percepção sensorial — olhos, ouvidos, língua, pele e nariz — são de um modo geral confiáveis. Eles nos dão uma apreciação realista do que realmente existe aí fora.

Entretanto, enquanto é possível passar pela vida sem questionar as pressuposições do realismo do senso comum sobre percepção sensorial, esse ponto de vista não é satisfatório. O realismo do senso comum não resiste bem a argumentos céticos sobre a confiabilidade dos sentidos. Examinaremos aqui vários argumentos céticos que parecem derrubar o realismo do senso comum, antes de passar a examinar quatro teorias da percepção mais sofisticadas: realismo representativo, idealismo, fenomenalismo e realismo causal.

Ceticismo sobre a evidência dos sentidos

O cético crê que nunca podemos saber algo com segurança, que existe sempre alguma base para se duvidar até mesmo de nossas convicções mais fundamentais sobre o mundo. Argumentos céticos em filosofia tentam demonstrar que nossos meios tradicionais de descobrir o mundo não são confiáveis e não nos garantem conhecimento do que realmente existe. Os argumentos céticos das seções seguintes baseiam-se nos argumentos de René Descartes na primeira de suas *Meditações*.

O Argumento da Ilusão

O Argumento da Ilusão é um argumento cético que questiona a confiabilidade dos sentidos, ameaçando derrubar o realismo de senso comum. Geralmente confiamos em nossos sentidos, mas há momentos em que eles nos enganam. Por exemplo, a maioria de nós já teve a constrangedora experiência de reconhecer um amigo à distância, para descobrir depois que estava acenando para um completo estranho. Uma vareta reta, quando parcialmente imersa em água, pode parecer dobrada; uma maçã pode ter gosto amargo quando você acaba de comer algo muito doce; vista de um certo ângulo, uma moeda redonda pode parecer oval; trilhos de estrada de ferro parecem convergir ao longe; o calor forte pode fazer a estrada parecer que está se mexendo; o mesmo vestido pode parecer vermelho sob luz fraca e escarlate à luz do sol; a lua parece tanto maior quanto mais baixa estiver no horizonte. Estas e outras ilusões sensoriais semelhantes mostram que os sentidos nem sempre são de todo confiáveis: parece improvável que o mundo externo seja como parece ser.

O Argumento da Ilusão reza que, como nossos sentidos às vezes nos enganam, nunca podemos ter certeza de que eles não estão nos enganando em um determinado momento. Esse argumento é cético porque contesta nossa convicção cotidiana — o realismo do senso comum — de que nossos sentidos nos proporcionam o conhecimento do mundo.

Críticas ao Argumento da Ilusão

Graus de certeza

Embora eu possa me enganar a respeito de objetos vistos à distância, ou sob condições incomuns, certamente existem algumas observações a cujo respeito eu não posso ter qualquer dúvida razoável. Por exemplo, não posso duvidar seriamente de que agora estou sentado à minha mesa de trabalho, escrevendo isto, de que tenho uma caneta na mão e de que há um bloco de papel à minha frente. Do mesmo modo, não posso duvidar seriamente de que estou na Inglaterra, em vez de, por exemplo, no Japão. Há alguns casos incontroversos em que a percepção nos faz aprender o conceito de conhecimento. É só porque temos esse antecedente de casos de conhecimento que podemos duvidar de outras convicções: sem esses casos incontroversos não teríamos qualquer conceito de conhecimento, nem teríamos algo com que contrastar convicções mais duvidosas.

Contra este ponto de vista, um cético salientaria que eu poderia muito bem estar errado a respeito do que parecem ser instâncias de conhecimento seguro: em sonhos, eu posso ter achado que estava acordado escrevendo, quando na verdade estava na cama, dormindo. Então, como posso dizer que não estou sonhando que estou escrevendo? Como posso dizer que não estou deitado, dormindo, em alguma parte de Tóquio, sonhando que estou acordado na Inglaterra? Eu certamente já tive sonhos mais estranhos que este. Existe algo na experiência do sonho que possa distingui-la conclusivamente da experiência de estar desperto?

Será que estou sonhando?

Não posso estar sempre sonhando

Não faria sentido dizer que a minha vida inteira é um sonho. Se eu estivesse sonhando o tempo todo, então eu não teria o conceito de um sonho: não teria com o que contrastar o sonho, uma vez que não teria o conceito de estar acordado. Só podemos ver o sentido da idéia de uma nota falsificada quando existem notas genuínas com as quais compará-las; semelhantemente, a idéia de um sonho só faz sentido quando podemos compará-la com a vida desperta.

Isto é verdade, mas não destrói a posição do cético. O que o cético está dizendo não é que poderíamos estar sonhando o tempo todo mas, em vez disso, que a qualquer dado momento não podemos saber com segurança se estamos ou não realmente sonhando.

Sonhos são diferentes

Outra objeção à idéia de que eu poderia estar sonhando que estou escrevendo é que a experiência dos sonhos é muito diferente da experiência da vida desperta, e que podemos na verdade dizer se estamos ou não sonhando através do exame da qualidade da nossa experiência. Sonhos envolvem muitos eventos que seriam impossíveis na vida desperta; não costumam ser tão vívidos quanto a experiência que se tem acordado; podem ser nevoentos, desconjuntados, impressionistas, bizarros, e assim por diante. Além disso, o argumento cético apóia-se na capacidade de distinguir sonhos da vida desperta: de que outro modo eu iria saber que às vezes sonhei que estava acordado, quando na verdade estava dormindo? Essa lembrança só faria sentido se houvesse um modo de distinguir qual experiência era a de vigília e qual era de um sonho em que se está acordado.

A força dessa réplica depende muito da experiência de sonhos do indivíduo. Os sonhos de algumas pessoas podem ser espantosamente diferentes da vida desperta. Entretanto, sempre há sonhos indistinguíveis da experiência cotidiana, e a experiência de algumas pessoas da vida desperta, particularmente quando sob a influência de álcool ou outras drogas, pode ter uma forte qualidade onírica. Da mesma maneira, a experiência do falso despertar — quando o sonhador sonha que acordou, saiu da cama, vestiu-se, tomou café da manhã, e assim por diante — é relativamente comum. Entretanto, nesses casos, o sonhador geralmente não questiona se esta é ou não a vida desperta. Habitualmente, é só depois de acordar que a pergunta "Estou sonhando agora?" torna-se relevante.

Impossível perguntar "Estou sonhando?"

Pelo menos um filósofo contemporâneo, Norman Malcolm (1911-1990), afirmou que o conceito em si de sonhar torna logicamente impossível fazer a pergunta "Estou sonhando?" durante um sonho. Questionar-se implica que a pessoa que pergunta está consciente. Mas, Malcom sustentava, quando sonho, por definição, não estou consciente, uma vez que estou dormindo. Se não estou dormindo, não posso estar sonhando. Se posso fazer a pergunta, não posso estar dormindo, e então não posso estar sonhando. Posso apenas sonhar que estou fazendo a pergunta, e isso não é o mesmo que autenticamente fazê-la.

Entretanto, pesquisas sobre sonhos mostraram que muitas pessoas vivenciam diferentes níveis de consciência durante o sono. Algumas têm o que é conhecido como sonhos lúcidos. Um sonho lúcido é aquele em que o(a) sonhador(a) toma consciência de que está sonhando, e no entanto continua a sonhar. A existência desses sonhos refuta a idéia de que é impossível estar tanto sonhando quanto consciente ao mesmo tempo. O erro que Malcolm cometeu foi redefinir "sonhar" de tal modo que o termo não significava mais o que geralmente se entende por ele. É uma visão simples demais de um sonho dizer que ele é necessariamente um estado não consciente.

Alucinação

Mesmo que eu não esteja sonhando, posso estar tendo uma alucinação. Alguém pode ter posto uma droga alteradora da consciência no meu café, de modo que eu pareço ver coisas que não existem. Talvez eu não tenha de fato uma caneta na mão, talvez eu não esteja realmente sentado em frente a uma janela em um dia de sol. Se ninguém botou LSD no meu café, talvez eu tenha chegado a um estado tão grave de alcoolismo que começo a ter alucinações. Entretanto, embora isso seja uma possibilidade, é altamente improvável que eu pudesse levar minha vida adiante tão facilmente. Se a cadeira em que estou sentado é só imaginária, como é que sustenta o meu peso? Uma resposta para isto é que eu poderia estar tendo a alucinação de estar sentado, só para começar: eu poderia achar que estou me deixando cair em uma poltrona confortável, quando na verdade estou deitado em um chão de pedra, tendo acabado de tomar uma droga alucinógena ou de beber uma garrafa inteira de Pernod.

Cérebro em um vidro?

A versão mais extrema desse ceticismo sobre o mundo externo e minha relação com ele é imaginar que não tenho corpo algum. Tudo que eu sou é um cérebro flutuando em uma cuba de vidro cheia de produtos químicos. Um cientista "maluco" conectou o meu cérebro de tal modo que eu tenho a ilusão da experiência sensorial. No que me diz respeito, posso me levantar e caminhar até as lojas, para comprar um jornal. Entretanto, nada disso é real: o cientista estimula certos nervos em meu cérebro para que eu tenha essa ilusão. Toda a experiência que eu creio receber pelos meus cinco sentidos é de fato resultante dos estímulos desse cientista "maluco" em meu cérebro desincorporado. Com essa máquina de experiência, o cientista pode provocar em mim qualquer experiência sensorial. Por meio de uma complexa forma de estímulo dos nervos de meu cérebro, o cientista pode me dar a ilusão de que estou assistindo à televisão, correndo uma maratona, escrevendo um livro, comendo uma massa italiana... Esta situação não é tão forçada e exagerada quanto pode parecer: cientistas já estão fazendo experiências com o estímulo por computadores, conhecidas como "máquinas de realidade virtual".

A história do cientista maluco é um exemplo do que os filósofos chamam de uma experiência de pensamento. Essa é uma situação imaginária descrita para nos esclarecer alguns de nossos conceitos e pressuposições do cotidiano. Em uma experiência de pensamento, como em uma experiência científica, pela eliminação de detalhes complicados e pelo controle do que acontece, o filósofo pode fazer descobertas sobre os conceitos investigados. Nesse caso, a experiência de pensamento tem a intenção de demonstrar algumas de nossas pressuposições sobre as causas de nossa experiência. Existe algo em minha experiência que demonstre que meu pensamento não fornece um quadro verdadeiro da realidade, ou que eu não sou simplesmente um cérebro em um vidro no laboratório de um cientista maluco?

Memória e lógica

Embora a idéia de que eu possa ser apenas um cérebro em um vidro pareça uma forma extrema de ceticismo, na verdade ainda há mais pressuposições a serem postas em dúvida. Todos os argumentos que discutimos até agora pressupõem que a memória é mais ou menos confiável. Quando dizemos que nos lembramos da confiabilidade de nossos sentidos, pressupomos que essas lembranças sejam realmente lembranças, não apenas produtos de nossa imaginação ou de pensamento utópico. E todo argumento que usa palavras pressupõe que nos lembremos corretamente do significado das palavras usadas. E, no entanto, a memória, como todo testemunho de nossos sentidos, é notoriamente inconfiável. Assim como toda a minha experiência é compatível com a idéia de que poderia ser um cérebro em um vidro sendo estimulado por um cientista maluco, assim também, como Bertrand Russell (1872-1970) destacou, ela é compatível com a idéia de que o mundo poderia ter começado a existir cinco minutos atrás, com todo mundo nele possuindo suas "memórias" intactas, todos relembrando um passado totalmente irreal.

Entretanto, se começarmos a questionar seriamente a confiabilidade da memória, tornamos qualquer comunicação impossível: se não podemos pressupor que nossas lembranças dos significados das palavras são de um modo geral confiáveis, então não há maneira pela qual possamos sequer discutir o ceticismo. E também poderia ser plausivelmente afirmado que a experiência de pensamento do cientista maluco manipulando o cérebro em um vidro já introduz um ceticismo sobre a confiabilidade da memória, uma vez que presumivelmente está dentro do poder desse nosso atormentador nos fazer acreditar que as palavras significam o que ele deseja que signifiquem.

Um segundo tipo de pressuposição que os céticos raramente colocam em dúvida é a confiabilidade da lógica. Se os céticos colocassem em questão se a lógica é realmente confiável, isso solaparia sua própria posição. Os céticos usam argumentos que se apóiam na lógica: o objetivo deles não é contradizer a si mesmos. No entanto, se eles usam argumentos lógicos para provar que nada está imune à dúvida, isso significa que seus próprios argumentos lógicos podem não valer. O próprio fato de usarem argumentos os desmente, já que se valem de algo que, para ser consistente, teriam de considerar incerto.

Entretanto, essas objeções não contestam o Argumento da Ilusão, mas apenas sugerem que o ceticismo tem limites; há algumas suposições que até mesmo um cético radical tem de fazer.

Penso, logo existo

Se é assim, não haveria coisa alguma sobre a qual ter certeza? A resposta mais famosa e mais importante a essa pergunta cética foi dada por Descartes. Ele afirmou que, mesmo que toda a minha experiência fosse o produto de alguém ou algo me enganando deliberadamente — ele usou a idéia de um demônio perverso em vez da idéia de um cientista maluco —, o próprio fato de que eu estava sendo iludido me mostraria alguma coisa certa. Isso me mostraria que eu existo, uma vez que, se eu não existisse, nada haveria para o enganador enganar. Este argumento costuma ser conhecido como o *Cogito*, do latim *Cogito ergo sum*, que significa "Penso, logo existo".

Crítica ao *Cogito*

Algumas pessoas acharam o argumento do *Cogito* convincente. E no entanto, suas conclusões são extremamente limitadas. Mesmo que aceitemos o fato de que eu de todo estou pensando porque existo, isso nada diz sobre o que sou, fora uma coisa pensante.

De fato, alguns filósofos, incluindo A. J. Ayer, afirmaram que até mesmo isto vai longe demais. Descartes errou por ter usado a expressão "eu penso": se ele quisesse ser consistente com sua abordagem cética geral, deveria ter dito "há pensamentos". Ele estava fazendo a suposição de que, se existem pensamentos, deve haver um pensador. Mas isto pode ser posto em dúvida. Talvez os pensamentos pudessem existir independentemente de pensadores. Talvez seja só o modo como nossa língua é estruturada que nos leva a acreditar que todo pensamento necessita de um pensador. O "eu" em "eu penso" pode ser o mesmo tipo de sujeito da expressão "chove", ou "está chovendo", que não se refere a ninguém ou a coisa alguma.

Realismo representativo

Já cobrimos um longo caminho desde que consideramos a posição do realismo do senso comum. Percorrendo os argumentos céticos sobre os sentidos e sobre a questão de se poderíamos estar sonhando, vimos o âmbito e os limites desse tipo de dúvida filosófica. Nesse processo, descobrimos algumas das limitações do realismo do senso comum. Em particular, o Argumento da Ilusão mostrava que a pressuposição de que os sentidos quase sempre nos dão informação verdadeira sobre a natureza do mundo externo é implausível. O fato de que nossos sentidos podem muito facilmente nos enganar deveria ser suficiente para reduzir nossa confiança na consideração de que os objetos são como parecem.

Realismo representativo é uma modificação do realismo do senso comum. Chama-se *representativo* porque sugere que toda percepção é resultado de uma consciência de representações internas do mundo externo. Quando vejo uma gaivota, não a vejo diretamente do modo como o realismo do senso comum sugere. Não tenho contato sensorial direto com a ave. Em vez disso, aquilo de que estou cônscio é uma representação mental, algo como uma imagem interna da gaivota. Minha experiência visual não é diretamente da gaivota, embora causada por ela, mas em vez disso é experiência da representação da gaivota que meus sentidos produzem.

O realismo representativo fornece uma resposta a objeções levantadas pelo Argumento da Ilusão. Peguem o exemplo da cor. O mesmo vestido pode parecer muito diferente quando olhado sob luzes diferentes, mostrando cores que variam do escarlate ao preto. Se examinássemos as fibras do seu tecido mais atentamente, provavelmente descobriríamos que são uma mistura de cores. Como isso é percebido também dependerá do observador: o daltônico poderia muito bem vê-lo de modo diferente de como eu o veria. Diante dessas observações, não parece fazer sentido dizer que o vestido realmente é vermelho: sua vermelhidão não é independente do observador. A fim de explicar este tipo de fenômeno, o realismo representativo introduz a noção de qualidades primárias e secundárias.

Qualidades primárias e secundárias

John Locke (1632-1704) trabalhou com a noção de qualidades primárias e secundárias. Qualidades primárias são as que um objeto realmente tem, independente das condições sob as quais está sendo percebido, e se está de todo sendo percebido. Qualidades primárias incluem tamanho, forma e movimento. Todos os objetos, não importa o quão pequenos, têm essas qualidades e, de acordo com Locke, nossas representações mentais dessas qualidades parecem-se muito com a dos objetos. A ciência se interessa particularmente pelas qualidades primárias dos objetos físicos. A textura de um objeto, que é determinada por suas qualidades primárias, dá origem a nossa experiência de qualidades secundárias.

Qualidades secundárias incluem cor, odor e sabor. Pode parecer que estão realmente nos objetos que percebemos, de forma que a vermelhidão é parte de um vestido vermelho. Mas, na verdade, a vermelhidão é o poder de produzir imagens vermelhas em um observador normal sob condições normais. Vermelhidão não é parte de um vestido vermelho do modo como é a sua forma. Idéias de qualidades secundárias não se parecem com os reais objetos, mas, em vez disso, são em parte um produto do tipo de sistema sensorial que acaso tenhamos. Segundo os realistas representativos, quando vemos um vestido vermelho, vemos uma imagem mental que combina de alguma maneira com o vestido real que dá origem à imagem. A vermelhidão do vestido vermelho (uma qualidade secundária do vestido) na imagem não se parece com as qualidades reais do vestido real; entretanto, a forma do vestido (uma qualidade primária dele) na imagem se parece com a do vestido real.

Críticas ao realismo representativo

O intérprete na cabeça

Uma crítica ao realismo representativo é que ele parece simplesmente pôr de novo em cena o problema da percepção. De acordo com o realismo representativo, percebemos algo via algum tipo de representação mental. Então, ver alguém vindo em minha direção é como ver um filme disso acontecendo. Mas, se é assim, o que é que está interpretando a imagem na tela? É como se eu tivesse uma pessoinha sentada em minha cabeça interpretando o que se passa. Presumivelmente, essa pessoinha precisaria ter uma ainda menor dentro dela, interpretando a interpretação: e assim por diante, até o infinito. Parece pouco provável que eu tenha um número infinito de pequenos intérpretes (às vezes chamados de *homunculi*) em minha cabeça.

O mundo real é incognoscível

Uma importante objeção ao realismo representativo é que ele torna o mundo real incognoscível. Ou só cognoscível indiretamente. A única experiência que podemos ter são nossas representações mentais do mundo, e não temos meios de compará-las com o mundo real. É como se cada um de nós estivesse preso em um cinema privado de onde nunca podemos sair. Vemos na tela vários filmes, assumindo que mostram o mundo real como efetivamente é — pelo menos em termos das qualidades primárias dos objetos que vemos representados. Mas, como não podemos sair do cinema para conferir nossa suposição, nunca podemos ter certeza de exatamente o quanto essa semelhança entre o mundo mostrado nos filmes e o mundo real é exata.

Isto é um problema particular para o realismo representativo porque a teoria afirma que nossas representações mentais das qualidades primárias dos objetos assemelham-se às qualidades reais dos objetos no mundo externo. Mas, se não temos meio de conferir se é verdade, não temos motivo para crer nisso. Se minha representação mental de uma moeda é circular, não tenho modo de checar se isso corresponde à forma real da moeda. Estou limitado ao testemunho de meus sentidos e, uma vez que estes funcionam por meio de representações mentais, nunca posso ter uma informação direta sobre as reais propriedades da moeda.

Idealismo

O idealismo é uma teoria que evita algumas das dificuldades que se colocam para o realismo representativo. Como a última teoria acima, o idealismo faz do aporte dos sentidos o ingrediente básico de nossa experiência do mundo, baseando-se igualmente na noção de que toda a nossa experiência é de representação mental. Entretanto, o idealismo vai um passo mais além do que o realismo representativo, afirmando que não há justificativa para dizer que o mundo externo de todo existe, já que, como vimos nas críticas ao realismo representativo, ele é incognoscível.

Isso parece absurdo. Como alguém pode afirmar que estamos enganados em falar de um mundo externo a nós? Por certo todas as evidências apontam para a direção oposta. Um idealista responderia que objetos físicos — a Catedral de São Paulo, minha mesa, outras pessoas — só existem enquanto são percebidos. Não precisamos introduzir a idéia de que existe um mundo real acima de nossa experiência: tudo sobre o que podemos um dia saber são nossas experiências. É mais conveniente dizer "Estou vendo meu violão logo ali" em vez de "Estou tendo uma experiência visual do tipo violão", mas um idealista afirmaria que a primeira forma é só um tipo de taquigrafia da última. As palavras "meu violão" são um modo conveniente de referir-se a um padrão repetido de experiências sensoriais, e não a algum objeto físico que exista independentemente de minhas percepções. Estamos todos trancados em cinemas individuais assistindo a filmes, mas não há mundo real fora dos cinemas. Não podemos sair porque nada há do lado de fora. Os filmes são nossa única realidade. Quando ninguém está olhando para a tela, a luz do projetor é desligada, mas o rolo da película continua girando. Sempre que olho para a tela, a luz volta e o filme está precisamente no ponto em que estaria se tivesse continuado a ser projetado.

Uma conseqüência disto é que, para o idealista, objetos só existem enquanto estão sendo percebidos. Quando um objeto não está sendo projetado em minha tela privada de cinema, ele não existe mais. George Berkeley (1685-1753), o mais famoso idealista, declarou que *esse est percipi*: "existir é ser percebido". Portanto, quando saio de um aposento, ele deixa de existir; quando fecho os olhos, o mundo desaparece; quando pisco, o que estiver diante de mim não está mais presente — contanto, é claro, que ninguém mais esteja percebendo essas coisas nesse momento.

Críticas ao idealismo

Alucinações e sonhos

À primeira vista essa teoria da percepção poderia ter dificuldades para lidar com alucinações e sonhos. Se tudo que experimentamos são nossas próprias idéias, como podemos distinguir entre realidade e imaginação?

Entretanto, o idealista pode explicar isto. Objetos físicos reais são, de acordo com o idealista, padrões repetidos de informação sensorial. Meu violão é um padrão de informação sensorial recorrente de modos previsíveis. Minhas experiências visuais do violão combinam com minhas experiências táteis do violão: posso ver meu violão encostado na parede, e então ir até ele e tocá-lo com a mão. Minhas experiências de violão se relacionam umas às outras de um modo regular. Se eu estivesse tendo uma alucinação de um violão, então não haveria relação entre minhas experiências: talvez, quando quisesse executar uma música, eu não tivesse as experiências táteis esperadas. Talvez minhas experiências visuais de violão se comportassem de modos completamente imprevisíveis: meu violão pareceria se materializar e se dissolver diante de mim.

Do mesmo modo, um idealista pode explicar como podemos distinguir entre sonhos e vida desperta em termos dos diferentes modos com que experiências sensoriais se relacionam umas com as outras. Em outras palavras, não é só a natureza de uma experiência imediata que identifica uma alucinação, um sonho ou uma experiência da vida real, mas também sua relação com outras experiências: o contexto geral da experiência.

Leva ao solipsismo

Uma crítica importante à teoria da percepção do idealista é que parece levar ao solipsismo: a opinião de que tudo o que existe é a minha mente, e que tudo o mais é de minha própria invenção. Se as únicas coisas que posso experimentar são minhas próprias idéias, não só concluo que não existem objetos físicos, mas também de que não há outras pessoas (ver seção "Outras mentes", no Capítulo 6). Tenho exatamente tantas evidências da existência de outras pessoas quanto tenho da existência de objetos físicos, a saber, padrões repetidos de informação sensorial. Mas então, uma vez que excluímos a idéia de que existem objetos físicos reais responsáveis por minha experiência, talvez nada exista, exceto como uma idéia em minha mente. Talvez ninguém mais exista. Não há outros cinemas, e nada há fora do meu cinema.

Por que o solipsismo seria, portanto, uma crítica? Porque está mais próximo de uma doença mental, uma forma de megalomania, do que de uma posição filosófica defensável. Talvez uma resposta mais convincente, usada por Jean-Paul Sartre em seu livro *O ser e o nada*, é que, em quase toda ação que praticamos, todos nós deixamos implícito que acreditamos na existência de outras mentes além da nossa. Em outras palavras, não é o tipo de posição que algum de nós pudesse adotar à vontade: estamos tão acostumados a que existam outras pessoas que nos comportarmos consistentemente como um solipsista mal seria concebível. Peguem o exemplo de emoções sociais como vergonha e constrangimento. Se eu for pego fazendo algo que eu preferia que não fosse tetesmunhado por outras pessoas, como, por exemplo, espiar pelo buraco da fechadura de alguém, muito provavelmente sentirei vergonha. No entanto, se eu fosse um solipsista, isso seria absurdo. O próprio conceito de vergonha não faria sentido. Como solipsista, eu acreditaria ser a única mente em existência: não haveria mais ninguém para me julgar. Da mesma forma, sentir constrangimento, como um solipsista, seria absurdo. Ninguém haveria para sentir-me constrangido em sua presença, exceto eu mesmo. O grau em que todos nós nos entregamos à crença na existência de um mundo mais além de nossas próprias experiências é tão grande que demonstrar que uma posição filosófica leva ao solipsismo é suficiente para destruir sua plausibilidade.

Explicação mais simples

O idealismo também pode ser criticado em outros níveis. Ainda que concordemos com o idealista que tudo a que algum dia teremos acesso são nossas próprias experiências sensoriais, poderíamos ainda querer saber o que causa essas experiências, e por que seguem padrões tão regulares. Por que as experiências sensoriais podem ser tão facilmente organizadas como aquilo que, na linguagem cotidiana, chamamos de "objetos físicos"? De fato, a resposta mais direta para isso é que os objetos físicos existem por aí, no mundo externo, e que são a fonte de onde emanam nossas experiências sensoriais. Era isso que o doutor Samuel Johnson (1709-1784) sem dúvida queria dizer quando, em resposta ao idealismo do bispo George Berkeley, chutou com força uma grande pedra e declarou: "Eu o refuto *assim*."

Berkeley sugeriu que é Deus, e não os objetos físicos, que causa nossa experiência sensorial. Deus nos deu experiência sensorial organizada. Deus percebe cada objeto o tempo todo, então o mundo continua a existir quando despercebido pelos humanos. Entretanto, como vimos no Capítulo 1, a existência de Deus não pode ser dada como certa. Para muitas pessoas a existência de objetos físicos concretos seria uma hipótese muito mais aceitável como uma explicação das causas de nossa experiência.

O idealista acredita que para alguma coisa existir, ela deve ser percebida. Um motivo para essa crença é que é logicamente impossível alguém conferir para ver se o contrário é o caso: ninguém poderia observar se meu violão deixa de existir quando ninguém está percebendo sua presença, já que, a fim de fazer a observação, alguém teria de percebê-la. E, no entanto, mesmo que seja assim, há um grande volume de evidências indicando o fato de que meu violão continua a existir despercebido. A explicação mais simples de por que meu violão continua encostado na parede quando acordo de manhã é que ninguém o mudou de lugar, pegou emprestado ou roubou, e ele continuou a existir, despercebido, durante a noite. A teoria do fenomenalismo é um desenvolvimento do idealismo que leva em conta essa hipótese altamente plausível.

Fenomenalismo

Como o idealismo, o fenomenalismo é uma teoria da percepção baseada na idéia de que só temos acesso direto à experiência sensorial, nunca ao mundo externo. Onde ele difere do idealismo é em sua explicação dos objetos físicos. Enquanto os idealistas afirmam que nossa noção de um objeto físico é uma espécie de taquigrafia para um grupo de experiências sensoriais, fenomenalistas como John Stuart Mill crêem que objetos físicos podem ser descritos puramente em termos de padrões de experiências sensoriais reais e *possíveis.* A possibilidade de experiência sensorial de meu violão continua mesmo quando não estou concretamente olhando para ele ou colocando nele minhas mãos. Os fenomenalistas acreditam que todas as descrições de objetos físicos podem ser traduzidas como descrições de experiências sensoriais reais ou hipotéticas.

O fenomenalista é como alguém preso em seu próprio cinema privado, assistindo a filmes. Mas, diferentemente do idealista, que acredita que as coisas representadas na tela deixam de existir quando não estão mais sendo mostradas, o fenomenalista acha que esses objetos continuam a existir como experiências possíveis, mesmo que não estejam sendo projetados na tela naquele momento. Além disso, o fenomenalista acredita que tudo que surge na tela pode ser descrito na linguagem da experiência sensorial sem qualquer referência a objetos físicos.

Apresentaremos algumas críticas ao fenomenalismo.

Críticas ao fenomenalismo

Dificuldade de descrever objetos

É extremamente complicado expressar uma declaração de um objeto físico, assim como "meu violão está encostado na parede de meu quarto, despercebido", somente em termos de experiências sensoriais. Na verdade, todas as tentativas de descrever objetos físicos desse modo fracassaram.

Solipsismo e o Argumento da Linguagem Privada

O fenomenalismo, como o idealismo, parece levar ao solipsismo: pessoas que vejo são apenas experiências perceptuais minhas, reais ou possíveis. Já examinamos diversas objeções ao solipsismo; o Argumento da Linguagem Privada, um argumento originalmente usado por Ludwig Wittgenstein (1889-1951) em seu livro *Investigações filosóficas*, fornece mais uma objeção a este aspecto do fenomenalismo.

O fenomenalismo pressupõe que cada um pode identificar e dar nome a sensações particulares somente com base em sua própria experiência direta. Essa identificação e reidentificação da sensação se apóia na experiência privada, e não na existência de objetos físicos gerais. O Argumento da Linguagem Privada mostra que a nomeação e a reidentificação privadas das sensações não poderiam ocorrer, derrubando o fenomenalismo.

Toda linguagem depende de regras, e regras dependem de meios de aferição para que sejam verificadas e corretamente aplicadas. Ora, suponhamos que um fenomenalista tenha uma percepção vermelha: como poderá checar se essa percepção corresponde às cores que ele rotulou previamente de "vermelho"? Não há meio de checar isso, uma vez que, para o fenomenalista, não há diferenças significativas entre a cor ser vermelha e ele achar que é vermelha. É como alguém tentando lembrar o horário de um trem e tendo de checar essa lembrança consigo mesmo em vez de olhar o quadro de horários. É uma "checagem" privada, e não pública, não podendo verificar se nosso uso público da palavra "vermelho" é correto. Então, a suposição de que um fenomenalista poderia descrever sua experiência a partir dessa linguagem autocorroborante é equivocada.

Realismo causal

O realismo causal assume que as causas da nossa experiência sensorial são os objetos físicos do mundo externo. O realismo causal usa como ponto de partida a observação de que a principal função biológica de nossos sentidos é nos orientar em nosso meio ambiente. De acordo com o realismo causal, quando vejo meu violão, o que realmente acontece é que raios de luz refletidos do violão causam certos efeitos em minha retina e em outras áreas do meu cérebro. Isso me leva a adquirir certas convicções sobre o que estou vendo. A experiência de adquirir as convicções é a experiência de ver meu violão.

O caminho pelo qual adquirimos convicções perceptivas é importante: não é qualquer caminho que serve. Para que de fato eu o enxergue, é essencial que meu violão seja a causa das convicções que adquiro sobre ele. O elo causal apropriado para ver é o provocado por um objeto refletindo raios de luz em minha retina e o subseqüente processamento dessa informação em meu cérebro. Se, por exemplo, eu estivesse sob a influência de drogas, vendo alucinações, não estaria vendo meu violão. A droga, em vez do violão, teria sido a causa de minhas convicções.

Ver é adquirir informação sobre o que me cerca. Como o realismo representativo, o realismo causal assume que existe realmente um mundo externo que continua a existir, esteja ou não sendo experimentado. Também assume que as convicções que adquirimos através de nossos órgãos dos sentidos são geralmente verdadeiras — eis por que, como resultado da seleção natural no decorrer da evolução, nossos receptores sensoriais são como são, fornecendo-nos em geral informação confiável sobre nosso meio ambiente.

Uma outra grande vantagem do realismo causal sobre teorias da percepção rivais é que ele pode facilmente explicar o fato de que nosso conhecimento existente afeta o que percebemos. Ao adquirir informação, nosso sistema de classificação e nosso conhecimento existente afetam de modo direto a forma com que tratamos a informação a ser recebida e o que escolhemos e interpretamos como relevante. Retornaremos a isto na seção sobre "Observação" no próximo capítulo.

Críticas ao realismo causal

A experiência de enxergar

A principal crítica ao realismo causal é que ele não leva em consideração o processo da visão em seu aspecto qualitativo, mas reduz a experiência perceptiva a mero acúmulo de informações. Entretanto, o realismo causal é a teoria da percepção mais satisfatória até hoje.

Pressupõe o mundo real

O realismo causal pressupõe que há um mundo real lá fora que existe independentemente da percepção. Isto é o que se conhece como uma pressuposição metafísica — em outras palavras, é uma pressuposição sobre a natureza da realidade. O crítico de tendências idealistas receberia esta pressuposição metafísica como inaceitável. Entretanto, como a maioria de nós está engajada na convicção de que há um mundo real que existe independente de nós, essa pressuposição pode ser vista como um ponto a favor do realismo causal, em vez de uma crítica a ele.

Conclusão

Neste capítulo exploramos algumas das principais teorias filosóficas sobre o mundo externo e nossa relação com ele. O próximo capítulo concentra-se em um modo particular de descobrir as coisas sobre o mundo, a saber, pela investigação científica.

Leituras adicionais

Os argumentos céticos de Descartes são apresentados na primeira de suas *Meditações*, e seu argumento do *Cogito* está no início da segunda. Ambas encontram-se em *Discourse on Method and the Meditations* (Londres: Penguin Classics, 1908).* De longe a melhor breve introdução à filosofia de Descartes é a entrevista de Bernard Williams em *The Great Philosophers*, organizado por Bryan Magee (Oxford: Oxford University Press, 1987), um livro que já recomendei.

The British Empiricists, de Stephen Priest (Londres: Penguin, 1990), outro livro que recomendei em minha Introdução, inclui discussões de muitos dos tópicos deste capítulo.

A Guide Through the Theory of Knowledge (Oxford: Blackwell, 1997) é uma introdução clara à epistemologia.

**Discurso do método* e as *Meditações* de Descartes estão publicados no Brasil por diversas editoras. (*N. da E.*)

The Problem of Knowledge, de A. J. Ayer (Londres: Penguin, 1956), é útil, embora um pouco datado.

The Problems of Philosophy, de Bertrand Russell (Oxford: Oxford University Press, 1912), ainda vale muito a pena ler: é uma breve introdução à filosofia, concentrando-se em questões epistemológicas. Foi leitura recomendada a todos os estudantes de filosofia na universidade durante a maior parte do século XX.

Capítulo 5

Ciência

A ciência nos permitiu mandar homens à Lua, curar a tuberculose, inventar a bomba atômica, o automóvel, o avião, a televisão, os computadores e inúmeros outros inventos que mudaram a natureza da nossa vida cotidiana. O método científico é geralmente reconhecido como o meio mais efetivo para descobrir e prever o comportamento do mundo natural. Nem todas as invenções científicas foram benéficas aos seres humanos — há progressos científicos que vieram a ser utilizados tanto para destruir como para melhorar a vida humana. Entretanto, seria difícil negar o sucesso das manipulações do mundo natural que a ciência tornou possíveis. A ciência produziu resultados, enquanto, em comparação, feitiçaria, magia, superstição e mera tradição pouco têm a dizer a seu favor.

O método científico constitui um grande avanço em relação aos modos anteriores de se adquirir conhecimento. Historicamente, a ciência havia substituído "verdade" por "autoridade" ao aceitar como verdadeiras as opiniões de várias "autoridades" importantes — notadamente, as obras que chegaram até nós do filósofo grego antigo Aristóteles (384-322 a.C.) e a doutrina da Igreja — não devido ao que era alegado, mas por causa de quem o alegava. Em contraste, o método científico enfatizava a necessidade de conduzir testes e fazer observações detalhadas dos resultados antes de se depositar confiança em qualquer alegação.

Mas o que é esse método científico? Ele é realmente tão confiável quanto somos comumente levados a acreditar? Como a ciência progride? São os questionamentos dos filósofos da ciência. Aqui consideraremos algumas questões sobre a natureza do método científico.

A visão simples do método científico

Uma visão simples, mas muito difundida, do método científico é a seguinte. O cientista começa fazendo um grande número de observações de algum aspecto do mundo: por exemplo, o efeito do aquecimento da água. Essas observações devem ser o mais objetivas possível: o cientista visa a ser imparcial e sem preconceitos ao registrar dados. Uma vez que o cientista coletou um grande volume de dados, baseados em observações, o próximo estágio é criar uma teoria que explique o padrão dos resultados. Essa teoria, se for boa, tanto explicará como será capaz de prever o processo. Se resultados futuros não combinarem muito com essas previsões, o cientista modificará a teoria para fazer-lhes face. Como há bastante regularidade no mundo natural, as previsões científicas conseguem ser muito exatas.

Por exemplo, um cientista pode começar aquecendo água a 100ºC sob condições normais, e observar o ponto em que a água começa a ferver e a evaporar. Pode então tecer inúmeras considerações adicionais sobre o comportamento da água sob diferentes temperaturas e pressões. Com base nessas observações, o cientista sugerirá uma teoria sobre o ponto de ebulição da água em relação à temperatura e à pressão. Essa teoria não explicará somente as observações particulares que o cientista possa ter feito, mas também, se for uma boa teoria, explicará e preverá todas as futuras observações sobre o comportamento da água sob diferentes temperaturas e pressões. Segundo este ponto de vista, o método científico começa com a observação, passa para a teoria e então apresenta uma generalização (ou afirmação universal) com capacidade de previsão. Essa generalização, se for boa, será considerada uma lei da natureza. A ciência produz resultados objetivos que podem ser confirmados por qualquer um que queira repetir os testes originais.

Esta visão do método científico é surpreendentemente bem difundida, mesmo entre cientistas em atividade. E no entanto, é insatisfatória de vários modos. Destes, os mais importantes são duas pressuposições sobre a natureza da observação e sobre a argumentação indutiva.

Críticas à visão simples

Observação

Como vimos, a visão simples do método científico diz que os cientistas começam fazendo observações imparciais antes de formular teorias para explicar essas observações. Esta, entretanto, é uma descrição inexata de como a observação realmente é: a visão simples pressupõe que nosso conhecimento e nossas expectativas não afetam nossas observações, que é possível fazer observações de um modo isento de preconceitos.

Como sugeri ao tratar da percepção no capítulo anterior, ver não é simplesmente captar uma imagem em sua retina. Ou, como disse o filósofo N. R. Hanson (1924-1967), "sobre a visão, nem tudo é o que parece ao olho". Nosso conhecimento e nossas expectativas sobre o que é provável que vejamos afetam o que de fato vemos. Por exemplo, quando olho para os fios de uma estação telefônica, vejo apenas um emaranhado caótico de fios coloridos; um engenheiro de telefonia, olhando para a mesma imagem, detectaria padrões de conexões. A formação do engenheiro de telefonia lhe dá convicções que afetam o que ele (ou ela) efetivamente vê. Não é que o engenheiro e eu, a partir da mesma experiência visual, adotemos sobre ela interpretações diferentes: a experiência visual, como enfatiza a teoria realista causal da percepção, não pode ser separada de nossas convicções sobre o que estamos vendo.

Como um outro exemplo dessa idéia, pensem na diferença entre o que um físico formado vê em um microscópio eletrônico e o que alguém de uma cultura pré-científica veria, olhando para o mesmo equipamento. O físico entenderia como as diferentes partes do instrumento interagem entre si e saberia como usá-lo. Para a pessoa da cultura pré-científica, seria provavelmente uma mistura sem sentido de pedacinhos de metal e fios, unidos de um modo misterioso.

É claro que existe muito em comum entre o que podem ver os observadores diferentes da mesma cena, senão a comunicação seria impossível. Mas a visão simples do método científico tende a negligenciar esse fato importante sobre a observação: o que vemos habitualmente depende do que se chama de nossa "atitude mental": nossos conhecimentos e expectativas e, também, nossa formação cultural.

Entretanto, vale a pena notar que há algumas observações que se recusam obstinadamente a ser afetadas por nossas convicções. Mesmo sabendo que a lua, quando está baixa no horizonte, não é maior do que quando em seu zênite, não tenho como não vê-la maior. Minha experiência perceptiva da lua, nesse caso, não é afetada por minhas conscientes convicções de formação. Mesmo que eu a descrevesse afirmando que "parece maior", em vez de "está maior", o que envolve teoria, esse parece ser um exemplo em que minha experiência perceptiva permanece imune à influência de minhas convicções. Isso demonstra que a relação entre o que sabemos e o que vemos não é tão direta e objetiva quanto às vezes se supõe: nossa formação nem sempre nos leva a ver de modo diferente. Isto não destrói o argumento contra a visão simples da ciência, já que, na maioria dos casos, o que nós vemos *é* significativamente afetado por nossa atitude mental.

Afirmações por observação

Um segundo aspecto importante da observação em um contexto científico que a visão simples negligencia é a natureza das afirmações por observação. Os cientistas precisam expressar observações particulares em linguagem. No entanto, a linguagem que o cientista usa para fazer essas afirmações por observação sempre traz pressupostos teóricos embutidos. Não existe afirmação por observação que seja completamente neutra: afirmações por observação são "carregadas de teoria". Por exemplo, mesmo uma afirmação do tipo cotidiano, como "Ele tocou no fio desencapado e levou um choque elétrico", pressupõe que a eletricidade existe e pode ser perigosa. Ao usar a palavra "elétrico", aquele que fala pressupõe toda uma teoria sobre as causas do choque levado pela pessoa que tocou no fio. Entender plenamente essa declaração envolve entender teorias tanto sobre eletricidade quanto sobre fisiologia. Pressuposições teóricas são embutidas no modo como o evento é descrito. Em outras palavras, afirmações por observação condicionam nossa experiência de um modo particular, mas esse não é o único modo pelo qual poderíamos condicionar nossa experiência.

Os tipos de afirmação por observação efetivamente feitos em ciência, assim como "a estrutura molecular do material foi afetada pelo aquecimento", pressupõem teorias muito elaboradas. A teoria sempre vem primeiro: a visão simples do método científico erra por completo o alvo ao supor que a observação imparcial sempre precede a teoria. O que você vê habitualmente depende do que você sabe, e as palavras que você escolhe para descrever o que vê sempre pressupõem uma teoria da natureza da coisa que você vê. Esses são dois fatos inescapáveis sobre a natureza da observação que destronam a noção de que as observações científicas podem ser neutras, objetivas e sem preconceitos.

Seleção

Uma terceira questão sobre observação é que os cientistas não "observam" simplesmente, registrando toda e cada medida de todo e cada fenômeno. Isso seria fisicamente impossível. Os cientistas escolhem em que aspectos de uma situação se concentrar. Essa escolha também envolve decisões relacionadas à teoria.

O Problema da Indução

Outra objeção à visão simples do método científico reside no fato de que se baseia em indução, em vez de em dedução. Indução e dedução são tipos diferentes de argumento. Um argumento indutivo envolve uma generalização baseada em um certo número de observações específicas. Se depois de observar um grande número de animais com pelagem eu concluísse que todos eles são vivíparos (isto é, dão à luz filhotes vivos, em vez de botar ovos), estaria usando um argumento indutivo. Um argumento dedutivo, por outro lado, começa com premissas particulares, e então passa logicamente para uma conclusão que se segue dessas premissas. Por exemplo, eu poderia concluir das premissas "Todas as aves são animais" e "Cisnes são aves" que todos os cisnes são animais: este é um argumento dedutivo.

Argumentos dedutivos são preservadores da verdade. Isto significa que, se suas premissas são verdadeiras, suas conclusões devem ser verdadeiras. Você estaria se contradizendo se afirmasse as premissas mas negasse a conclusão. Logo, se "Todas as aves são animais" e "Cisnes são aves" forem ambas verdadeiras, deve ser verdade que todos os cisnes são animais. Em contraste, as conclusões de argumentos indutivos com premissas verdadeiras podem ou não ser verdadeiras. Ainda que toda observação minha sobre animais com pelagem fosse exata, e eles fossem todos vivíparos, e mesmo que eu tenha feito milhares de observações, minha conclusão indutiva de que todos os animais com pelagem são vivíparos ainda poderia ser falsa. De fato, a existência do ornitorrinco, um animal peculiar, coberto de pelagem e que põe ovos, demonstra que esta é uma falsa generalização.

Usamos argumentos indutivos o tempo todo. É a indução que nos leva a esperar que o futuro se assemelhe ao passado. Bebi café muitas vezes, e o café nunca me envenenou, então presumo, com base no argumento indutivo, que não serei envenenado por café no futuro. Em minha experiência, o dia sempre se seguiu à noite, então presumo que continuará a ser assim. Observei muitas vezes que, se fico parado na chuva, eu me molho todo, portanto presumo que o futuro será igual ao passado, e evito sair debaixo de chuva sempre que possível. Esses são todos exemplos de indução. Nossas vidas se baseiam no fato de que a indução nos proporciona previsões razoavelmente confiáveis sobre nosso meio ambiente e os prováveis resultados de nossas ações. Sem o princípio da indução, nossa interação com o meio ambiente seria completamente caótica: não teríamos base para presumir que o futuro seria como o passado. Não saberíamos se a comida que estávamos ingerindo nos alimentaria ou envenenaria; não saberíamos a cada passo se o chão nos sustentaria ou se abriria em um abismo, e assim por diante. Toda e qualquer regularidade estaria aberta a dúvida.

Apesar desse papel capital desempenhado pela indução em nossa vida, existe o fato inegável de que o princípio de indução não é inteiramente confiável. Como já vimos, ele poderia nos dar uma falsa resposta à pergunta "Todos os animais de pelagem são vivíparos?" Suas conclusões não são tão confiáveis quanto as que se originam de argumentos dedutivos com premissas verdadeiras. Para ilustrar essa idéia, Bertrand Russell, em seu *Os problemas da filosofia*, usou o exemplo de uma galinha que desperta todas as manhãs achando que, como foi alimentada no dia anterior, isso aconteceria novamente naquele dia. Certa manhã, ela desperta só para ter seu pescoço torcido pelo granjeiro. A galinha estava usando um argumento indutivo baseado em um grande número de observações. Confiando muito fortemente na indução estaremos sendo tão tolos quanto essa galinha? Como podemos justificar nossa fé na indução? Este é o chamado Problema da Indução, um problema identificado por David Hume em seu *Tratado da natureza humana*. Como podemos algum dia justificar nossa confiança em um método de argumento tão pouco confiável? Isto é de particular relevância para a filosofia da ciência, porque, pelo menos na teoria simples esboçada acima, a indução tem um papel crucial a desempenhar no método científico.

Outro aspecto do Problema da Indução

Até agora abordamos o Problema da Indução tratando apenas da generalização sobre o futuro com base no passado. Existe um outro aspecto do Problema da Indução em que ainda não tocamos. Há inúmeras generalizações muito diferentes que poderíamos fazer com base no passado, todas elas consistentes com os dados disponíveis. Entretanto, é possível que essas diferentes generalizações forneçam previsões totalmente diversas sobre o futuro. Isto é bem demonstrado no exemplo de "verzul", do filósofo Nelson Goodman (1906-1998). Esse exemplo pode parecer um tanto forçado, mas ilustra um ponto importante.

Goodman inventou o termo "verzul" para expor este segundo aspecto do problema da indução. "Verzul" é uma palavra inventada para uma cor.* Alguma coisa é "verzul" tanto se for examinada antes do ano 2000** e se descobrir que é verde, quanto se não for examinada e for azul. Temos bastante experiência para sugerir que a generalização "Todas as esmeraldas são verdes" é verdadeira. Mas nossa evidência é igualmente consistente em relação à opinião de que "Todas as esmeraldas são verzuis" (presumindo que as observações são todas feitas antes do ano 2000). Ainda que ao dizermos que todas as esmeraldas são verdes, ou que são todas verzuis, isso afete as predissões que faremos sobre observações de esmeraldas após o ano 2000. Se dizemos que todas as esmeraldas são verzuis, então prediremos que algumas esmeraldas examinadas depois do ano 2000 parecerão azuis. As que foram examinadas antes do ano 2000 terão a cor verde, e as que não foram examinadas antes do ano 2000 parecerão azuis. Se, entretanto, como é mais provável que façamos, dizemos que todas as esmeraldas são verdes, então prediremos que todas elas perecerão verdes não importando quando forem examinadas.

---

*Originalmente "grue", uma fusão de *green* com *blue*. (*N. do T.*)

**Devemos lembrar que esta obra foi publicada originalmente em 1992. (*N. da E.*)

O que esse exemplo mostra é que as previsões que fazemos com base na indução não são as únicas que poderíamos fazer usando a evidência disponível. Então, não só chegamos à conclusão de que as previsões que fazemos com base na indução não são cem por cento confiáveis, mas também que não são nem mesmo as únicas previsões consistentes com a evidência que acumulamos.

Tentativas de solucionar o Problema da Indução

Parece funcionar

Uma réplica ao Problema da Indução é destacar que a confiança nesse método é não só amplamente difundida, como razoavelmente frutífera: na maior parte do tempo é um meio extremamente útil de descobrir regularidades no mundo natural e de prever seu comportamento futuro. Como já observamos, a ciência nos permitiu mandar pessoas à lua; se a ciência é baseada no princípio da indução, temos bastantes evidências de que nossa confiança na indução é justificada. É claro que sempre existe a possibilidade de que o sol não se levante amanhã, ou de que, como a galinha, acordemos amanhã para que alguém nos torça o pescoço, mas a indução é o melhor método que temos. Nenhuma outra forma de argumento nos ajudará a prever o futuro melhor do que o princípio da indução.

Uma objeção a essa defesa do princípio da indução é que a própria defesa apóia-se em indução. Em outras palavras, é um argumento viciosamente circular. O que traz em si é a alegação de que, como a indução já teve sucesso de vários modos, continuará a tê-lo no futuro. Mas isto mesmo é uma generalização baseada em várias instâncias específicas de funcionamento da indução e, portanto, é ele próprio um argumento indutivo. Um argumento indutivo não pode dar uma justificativa satisfatória para a indução: isso seria evadir a questão, pressupondo que aquilo que você está se preparando para provar, ou seja, a indução, é justificado.

Evolução

Afirmações universais, isto é, afirmações que começam com "Todos...", assim como "Todos os cisnes são brancos", pressupõem semelhança entre os elementos agrupados. Nesse caso, é preciso haver uma semelhança que todos os cisnes individuais tenham para fazer sentido agrupá-los em uma única categoria. Como vimos no caso de "verzul", entretanto, não há um modo em que tenhamos de classificar as coisas que encontramos no mundo ou as propriedades que lhes atribuímos. É possível que extraterrestres pousando na terra usassem categorias muito diferentes das que nós usamos e, com base nelas, fizessem previsões indutivas muito diferentes das que fazemos.

Não obstante, como o exemplo "verzul" indica, algumas generalizações nos parecem mais naturais que outras. A explicação mais plausível para isso é evolucionista: os seres humanos nascem com um grupo de categorias geneticamente programado, no qual encaixamos nossa experiência. Nós, como espécie, por um processo de seleção natural, temos a tendência de fazer generalizações indutivas que prevêem com razoável precisão o comportamento do mundo à nossa volta. São essas generalizações que entram em jogo quando raciocinamos indutivamente: temos uma tendência natural a agrupar nossa experiência do mundo de modos que levam a previsões confiáveis. Se esta descrição da indução justifica ou não justifica nossa confiança nela, proporciona de fato uma explicação de por que geralmente confiamos em argumentos indutivos, e por que estamos geralmente certos em fazê-lo.

Probabilidade

Outra resposta ao Problema da Indução é admitir que, embora nunca possamos demonstrar que a conclusão de um argumento indutivo seja cem por cento segura, podemos demonstrar que ela é muito provavelmente verdadeira. Quanto mais observações fazemos, confirmando essas leis, mais provável é que sejam verdadeiras. Essa resposta às vezes é conhecida como probabilismo. Não podemos dizer com certeza que o sol se levantará amanhã, mas podemos, com a base da indução, julgar que isso é altamente provável.

Entretanto, uma objeção a isto é que a própria probabilidade é algo que pode mudar. A avaliação da probabilidade de um evento no futuro baseia-se em quão freqüentemente ele ocorreu no passado. Mas a única justificativa para supor que a probabilidade vai valer no futuro é ela própria indutiva. Então este é um argumento circular, uma vez que se apóia em indução a fim de justificar nossa confiança na indução.

Falsificacionismo: conjectura e refutação

Uma outra saída para o Problema da Indução, pelo menos no que tange ao método científico, é negar que a indução seja a base desse método. O falsificacionismo, filosofia da ciência desenvolvida por Karl Popper (1902-1994), entre outros, faz exatamente isso. Os falsificacionistas afirmam que a visão simples da ciência é equivocada. Os cientistas não começam fazendo observações, mas sim com uma teoria. Teorias científicas e as chamadas leis da natureza não são pretensões à verdade: são tentativas especulativas de fornecer uma análise de vários aspectos do mundo natural. São conjecturas: hipóteses bem informadas, visando a aperfeiçoar teorias prévias.

Essas conjecturas são então submetidas a testes experimentais. Mas esses testes têm um objetivo muito específico. Sua intenção é não tanto provar que a conjectura é verdadeira, mas sim provar que ela é falsa. A ciência funciona tentando falsificar teorias mais do que provando que são verdadeiras. Qualquer teoria que demonstrar ser falsa é descartada ou, no mínimo, modificada. A ciência então progride por meio de conjectura e refutação. Não podemos saber com certeza que alguma teoria é absolutamente verdadeira: qualquer teoria poderia em princípio ser falsificada. Esse ponto de vista parece se adequar bem ao progresso testemunhado na história da ciência: a visão ptolomaica do universo, que colocava a terra em seu centro, sendo superada pela visão copernicana; a física de Newton sendo superada pela de Einstein.

A falsificação tem pelo menos uma grande vantagem sobre a visão simples da ciência. Uma única instância de falsificação é suficiente para demonstrar que uma teoria é insatisfatória; no entanto, não importa quantas observações façamos que confirmem uma teoria, elas nunca podem ser suficientes para nos dar cem por cento de certeza de que a teoria se sustentará perante todas as observações futuras.

Este é um aspecto das afirmações universais. Se eu digo "Todos os cisnes são brancos", só é preciso a observação de um único cisne negro para refutar minha teoria. Mesmo que eu observe dois milhões de cisnes brancos, o próximo cisne que eu vir ainda poderia ser negro. Em outras palavras: a generalização é muito mais fácil de refutar do que de provar.

Falseabilidade

O falsificacionismo também proporciona um meio de discriminar entre hipóteses científicas úteis e hipóteses irrelevantes para a ciência. O teste de utilidade de uma teoria é o grau em que ela é falsificável. Uma teoria é inútil para a ciência, de fato nem é exatamente uma teoria científica, se não há uma observação possível capaz de falsificá-la. Por exemplo, é relativamente fácil imaginar testes que poderiam tornar falsa a hipótese "Na Espanha, chove mais nas planícies", enquanto não há teste possível para mostrar que "Vai chover ou então não vai" é falsa. Esta última afirmação é verdadeira por definição, e portanto nada tem a ver com observação empírica: não é uma hipótese científica.

Quanto mais uma afirmação for falsificável, mais útil ela é para a ciência. Muitas afirmações são expressas de modo vago, o que dificulta que sejam testadas e que seus resultados sejam interpretados. Uma afirmação patente, falsificável, entretanto, logo mostrará ser falsa, ou então resistirá a tentativas de falsificação. Em qualquer dos dois casos, ajudará a ciência a progredir: se for falsificada, contribuirá estimulando o desenvolvimento de uma hipótese que não pode ser tão facilmente refutada; se, por outro lado, mostrar-se difícil de falsificar, fornecerá uma teoria convincente que quaisquer teorias novas terão de aperfeiçoar.

Examinando bem, algumas hipóteses que são amplamente consideradas científicas acabam se mostrando inverificáveis: não há observação possível capaz de falsificá-las. Um exemplo controvertido ocorre na psicanálise. Alguns falsificacionistas afirmaram que muitas das alegações da psicanálise são logicamente infalsificáveis, e portanto não-científicas. Se um psicanalista alega que o sonho de um certo paciente deriva na realidade de um conflito sexual não resolvido da infância, não há observação que possa falsificar essa alegação. Se o paciente negar que havia algum conflito, o psicanalista entenderá isto como uma confirmação adicional de que o paciente está reprimindo alguma coisa. Se o paciente admitir que a interpretação do analista é correta, isto também fornecerá uma confirmação da hipótese. Então, se não há como falsificá-la, a alegação não pode aumentar nosso conhecimento do mundo. Portanto, de acordo com os falsificacionistas, trata-se de uma hipótese pseudocientífica, não uma hipótese científica real. Entretanto, só porque uma teoria não é científica neste sentido, não significa que seja sem valor. Popper achava que muitas das alegações da psicanálise poderiam eventualmente tornar-se testáveis, mas em sua forma pré-científica não deveriam ser tomadas como hipóteses científicas.

O motivo para evitar hipóteses intestáveis em ciência é que elas impedem a ciência de progredir: se não há possibilidade de refutá-las, não há meio de substituí-las por uma teoria melhor. O progresso da ciência é frustrado. A ciência progride por meio de enganos: por meio de teorias que são falsificadas e substituídas por teorias melhores. Neste sentido, existe em ciência uma certa quantidade de tentativa e erro. Os cientistas põem à prova uma hipótese, vêem se podem falsificá-la e, se puderem, substituem-na por uma melhor, que é então submetida ao mesmo tratamento. As hipóteses que são substituídas — os erros — todas sempre contribuem para o aumento geral de nosso conhecimento sobre o mundo. Em contraste, teorias que são logicamente infalsificáveis são, dessa forma, de pouca utilidade para o cientista.

Muitas das teorias científicas mais revolucionárias se originaram de ousadas conjecturas da imaginação. A teoria de Popper enfatiza a imaginação criativa envolvida em pensar novas teorias. Nisso, ela dá uma explicação mais plausível da criatividade em ciência do que a visão simples, que faz das teorias científicas deduções lógicas de observações.

Críticas ao falsificacionismo

O papel da confirmação

Uma crítica ao falsificacionismo é que não leva em conta o papel da confirmação de hipóteses em ciência. Concentrando-se em falsificar hipóteses, ele minimiza os efeitos de previsões bem-sucedidas sobre se uma teoria científica é aceita ou não. Por exemplo, se a minha hipótese é de que a temperatura em que a água ferve varia de modo constante em relação à pressão atmosférica sob a qual a experiência é executada, isso me permitirá muitas previsões sobre a temperatura em que a água vai ferver sob variadas pressões. Por exemplo, isso poderia me levar a prever — com exatidão — que alpinistas não poderiam preparar uma boa xícara de chá em grandes altitudes, porque a água ferveria a uma temperatura inferior a 100ºC e então as folhas de chá não sofreriam a infusão adequada. Se for demonstrado que minhas previsões são exatas, tenho um apoio positivo à minha teoria. O tipo de falsificacionismo que descrevemos acima ignora esse aspecto da ciência. Previsões bem-sucedidas com base em hipóteses, particularmente se forem hipóteses originais e incomuns, desempenham um papel significativo no desenvolvimento científico.

Isto não destrói o falsificacionismo: o poder lógico de uma única observação falsificadora continua sempre maior do que o de qualquer número de observações confirmadoras. Não obstante, o falsificacionismo precisa ser ligeiramente adaptado para reconhecer o papel desempenhado pela confirmação de hipóteses.

Erro humano

O falsificacionismo parece propugnar a derrubada de uma teoria com base em um único caso de falsificação. Na prática, entretanto, há muitos componentes em qualquer experiência ou estudo científico, e habitualmente considerável âmbito para erro e má interpretação de resultados. Mecanismos de mensuração podem funcionar mal, ou métodos de coleta de dados podem não ser confiáveis. Por certo, então, os cientistas não deveriam ser tão facilmente influenciados por uma observação que parece derrubar uma teoria.

Popper concordaria. Isto não é um problema sério para o falsificacionismo. De um ponto de vista lógico, fica claro que em princípio uma única instância de falsificação poderia derrubar uma teoria. Entretanto, Popper não está sugerindo que cientistas em atividade deveriam simplesmente abandonar uma teoria assim que se apresentasse um caso aparentemente falsificador: deveriam ser céticos e investigar toda fonte de erro possível.

Historicamente inexato

O falsificacionismo não dá conta adequadamente de muitos dos progressos mais significativos da história da ciência. A revolução copernicana — o reconhecimento de que o Sol estava no centro do universo e de que a Terra e outros planetas orbitavam em torno dele — ilustra o fato de que a herança de instâncias aparentemente falsificadoras não levou figuras importantes a rejeitar suas hipóteses. Mudanças no modelo científico da natureza do universo não ocorreram por meio de um processo de conjectura seguida de refutação. Foi só depois de diversos séculos de desenvolvimento da física que a teoria pôde ser adequadamente testada contra observações.

Da mesma forma, a teoria da gravidade, de Isaac Newton (1642-1727), foi aparentemente falsificada por observações da órbita da Lua, feitas logo depois de sua teoria ter sido apresentada publicamente. Somente em data muito posterior demonstrou-se que essas observações tinham sido enganosas. Apesar dessa aparente refutação, Newton e outros agarraram-se à teoria da gravidade, e isso teve efeitos benéficos no desenvolvimento da ciência. E, no entanto, pela teoria falsificacionista de Popper, a teoria de Newton deveria ter sido rejeitada por ter sido falsificada.

O que esses dois exemplos sugerem é que a teoria falsificacionista da ciência nem sempre se enquadra na história real da ciência. A teoria, pelo menos, precisa de modificações para explicar com exatidão como as teorias científicas são superadas. A obra de Thomas Kühn (1922-1996) sugere que o que efetivamente acontece em momentos-chave da história da ciência é que se desenvolve um novo paradigma, toda uma nova estrutura dentro da qual a ciência é conduzida. Em tal momento, não é uma decisão racional jogar fora um paradigma refutado devido ao peso da evidência contra ele. Paradigmas radicalmente novos derrubam as pressuposições sobre o modo com que a ciência vinha sendo conduzida até aquele ponto: envolvem novas pressuposições, novas interpretações das evidências e uma nova série de problemas a serem resolvidos. Uma justificativa para o novo paradigma não surge de dentro da estrutura do velho paradigma. A ciência não progride por conjectura e refutação, mas por uma série de substituições de paradigmas.

Conclusão

Neste capítulo, concentrei-me no problema da indução e na explicação falsificacionista do método científico. Embora cientistas em atividade não precisem estar cônscios das implicações filosóficas do que estão fazendo, muitos foram influenciados pela explicação falsificacionista do progresso científico. Ainda que a filosofia não afete necessariamente o modo como os cientistas trabalham, certamente pode mudar o modo como eles entendem sua obra.

Leituras adicionais

What Is This Thing Called Science?, de A. F. Chalmers (Milton Keynes: Open University Press, 1978), é uma excelente introdução a esta área: é bem escrito e estimulante. Cobre a maioria das questões importantes da filosofia contemporânea da ciência de um modo acessível. *Filosofia da ciência natural*, de C. G. Hempel (Rio de Janeiro: Jorge Zahar Editor, 1981) e *An Introduction to the Philosophy of Science*, de Anthony O'Hear (Oxford: Clarendon Press, 1989), também podem ser úteis.

Popper, de Bryan Magee (Londres: Fontana, 1973), é uma boa introdução à obra de Karl Popper.

Introdução histórica à filosofia da ciência, de John Losee (Belo Horizonte: Itatiaia, 2000), fornece uma descrição clara e interessante da história da filosofia da ciência.

Capítulo 6

Mente

O que é a mente? Temos almas não-físicas? Seria o pensamento simplesmente um aspecto da matéria física, apenas um efeito no cérebro de nervos sendo estimulados? Como podemos ter certeza de que as outras pessoas não passam de robôs sofisticados? Como podemos dizer que são de fato conscientes? Todas essas perguntas encaixam-se na categoria de filosofia da mente.

Filosofia da mente e psicologia

A filosofia da mente deve ser distinguida da psicologia, embora sejam muito estreitamente relacionadas. Psicologia é o estudo científico do comportamento e do pensamento humanos: baseia-se na observação de pessoas, com freqüência sob condições experimentais. Em contraste, a filosofia da mente não é uma disciplina experimental: não envolve reais observações científicas, mas concentra-se na análise de conceitos.

Os filósofos da mente preocupam-se com questões conceituais que surgem quando pensamos sobre a mente. Um psicólogo poderia investigar, por exemplo, disfunções da personalidade, como a esquizofrenia, examinando pacientes, aplicando-lhes testes, e assim por diante. Um filósofo, por outro lado, faria perguntas conceituais como "O que é a mente?" ou "O que queremos dizer com 'doença mental'?" Essas perguntas não podem ser respondidas apenas pelo exame de casos reais: elas exigem que analisemos o significado dos termos em que são expressas.

Para ilustrar esta questão, considerem mais um exemplo. Um neuropsicólogo investigando o pensamento humano poderia tecer observações sobre os padrões de estímulos nervosos no cérebro. Um filósofo da mente faria a pergunta conceitual mais básica; por exemplo, se a atividade desses nervos equivale ao pensamento, ou se existe algum aspecto de nosso conceito de pensamento que impeça sua redução a uma ocorrência física. Ou, para expressar a questão de um modo mais tradicional, se teríamos mentes distintas de nossos corpos.

Neste capítulo, examinaremos alguns dos debates centrais da filosofia da mente, concentrando-nos na questão de se uma explicação física da mente é adequada, e de se podemos ter conhecimento das mentes de outras pessoas.

O Problema Mente/Corpo

No modo como descrevemos a nós mesmos e ao mundo, habitualmente fazemos uma distinção entre os aspectos mentais e físicos. Alguns aspectos mentais são: pensamento, sentimento, decisão, sonho, imaginação, volição etc.

Quando fazemos algo, assim como jogar tênis, usamos tanto nossos aspectos físicos quanto mentais: pensamos sobre as regras do jogo, onde é provável que nosso oponente mande a próxima bola, e assim por diante, além de movimentarmos nossos corpos. Mas existe uma real divisão entre mente e corpo, ou isso é só um modo conveniente de falarmos sobre nós mesmos? O problema de explicar o verdadeiro relacionamento entre o corpo e a mente é conhecido como o Problema Mente/Corpo.

Os que acreditam que a mente e o corpo são coisas separadas, que cada um de nós tem tanto uma mente quanto um corpo, são chamados dualistas mente/corpo. Os que acreditam que o mental é em certo sentido o mesmo que o físico, que não passamos de carne e osso e não temos qualquer substância em separado são conhecidos como "fisicalistas". Começaremos considerando o dualismo e as principais críticas a ele.

Dualismo

O dualismo, como vimos, envolve uma crença na existência de uma substância não-física: a mental. O dualista acredita que corpo e mente são substâncias distintas que interagem uma com a outra mas permanecem separadas. Os processos mentais, assim como o pensamento, não são o mesmo que os físicos, assim como células cerebrais se deflagrando; os processos mentais ocorrem na mente, não no corpo. A mente não é o cérebro vivo.

O dualismo mente/corpo é uma posição adotada por muitos, particularmente por quem acredita que é possível sobreviver à morte corporal, seja vivendo em alguma espécie de mundo de espíritos, ou reencarnando. Ambas essas opiniões pressupõem que os seres humanos não são apenas seres físicos, mas sim que nossa parte mais importante é a mente não-física, ou, como é mais freqüentemente chamada em contextos religiosos, a alma. René Descartes é provavelmente o mais famoso dualista mente/corpo: esse dualismo é em geral chamado dualismo cartesiano (sendo "cartesiano" o adjetivo formado a partir do nome de Descartes).*

Um forte motivo para se acreditar que o dualismo verdadeiro é a dificuldade que sentimos em aceitar que algo puramente físico como o cérebro pode dar origem aos complexos padrões de sentimento e pensamento que chamamos de consciência. Como algo puramente físico poderia produzir melancolia ou apreciar uma pintura? Perguntas assim dão ao dualismo uma plausibilidade inicial como uma solução do problema mente/corpo. No entanto, há um bom número de fortes críticas a ele como teoria.

Críticas ao dualismo

Não pode ser cientificamente investigado

Uma crítica às vezes levantada contra o dualismo mente/corpo é que ele não nos ajuda realmente a entender a natureza da mente. Só o que ele nos diz é que existe em cada um de nós uma substância não-física que pensa, sonha, vivencia, e assim por diante. Mas, alegam os fisicalistas, uma mente não-física não poderia ser diretamente investigada:

*Os eruditos da época (séc. XVII) utilizavam o nome do filósofo em latim: Cartesius. (*N. do T.*)

em particular, não poderia ser investigada cientificamente, porque a ciência só lida com o mundo físico. Só o que poderíamos examinar seriam seus efeitos sobre o mundo.

Contra isso, o dualista poderia replicar que podemos observar a mente por meio de introspecção; isto é, considerando nosso próprio pensamento. E podemos, como de fato fazemos, investigar a mente de forma indireta, por meio de seus efeitos sobre o mundo físico. A maior parte da ciência funciona inferindo as causas de efeitos observados; a investigação científica de uma mente não-física seria uma instância desse mesmo tipo de abordagem. Além disso, o dualismo mente/corpo tem pelo menos o benefício de explicar como seria possível sobreviver à morte corporal, algo que o fisicalismo não pode fazer sem introduzir a idéia da ressurreição do corpo após a morte.

Evolução

Aceita-se, de uma maneira geral, que os seres humanos evoluíram de formas de vida mais simples. Entretanto, um dualista achará difícil explicar como isso pode ter acontecido. Formas de vida muito simples, como as amebas, não têm mente, enquanto a possuem os seres humanos e provavelmente alguns animais superiores. Como, então, amebas puderam dar origem a criaturas com mente? De onde pode subitamente ter vindo essa substância da mente? E por que a evolução da mente forma um modelo tão estreito com a evolução do cérebro?

Um dualista poderia responder a esta crítica argumentando que até mesmo amebas têm mente de um tipo muito limitado, e que a mente evoluiu em paralelo com a evolução dos corpos animais. Ou o dualista poderia dar um passo a mais e dizer que toda coisa física também tem uma mente de algum tipo: este último ponto de vista é conhecido como panpsiquismo. De acordo com os panpsiquistas, até as pedras têm mentes muito primitivas. O desenvolvimento da capacidade mental humana pode então ser explicado em termos de uma combinação de substâncias físicas e, assim, uma fusão de mentes simples para criar uma mais complexa. Entretanto, poucos dualistas são simpáticos a esta abordagem, em parte porque ela nubla a distinção entre os seres humanos e aquilo que consideramos o mundo inanimado.

Interação

A dificuldade mais séria que o dualista enfrenta é explicar como duas substâncias tão diferentes como mente e corpo poderiam interagir. Está claro, do ponto de vista do dualista, que, por exemplo, eu posso ter um pensamento que pode dar origem a um movimento corporal. Por exemplo, posso pensar que quero coçar o nariz, e então meu dedo vai até o nariz e o coça. A dificuldade para o dualista é mostrar precisamente como a idéia puramente mental pode levar ao ato físico de se coçar.

A dificuldade torna-se mais pronunciada pelo fato de que eventos no cérebro estão ligados muito de perto a eventos mentais. Por que precisamos introduzir a idéia da mente como distinta do corpo, quando é óbvio, por exemplo, que um dano cerebral grave leva a deficiência mental? Se mente e corpo são realmente distintos, por que isto acontece?

Contradiz um princípio científico básico

Outro aspecto da mesma dificuldade é a contradição de um princípio muito básico da ciência. A maioria dos cientistas, particularmente os fisicalistas, pressupõe que toda mudança em um objeto pode ser explicada por um evento físico anterior: as causas de todos os eventos físicos são elas próprias físicas. Então, por exemplo, se uma célula nervosa no cérebro de alguém dispara, um neuropsicólogo buscará uma causa física para o fenômeno. Mas se pensamento puro, que é uma atividade da mente, pode levar à ação, alguns eventos meramente mentais podem levar diretamente a eventos físicos. Resta aos dualistas justificar a revisão de uma pressuposição muito básica da ciência. É claro que podem alegar que essa revisão deve ser feita por ser o dualismo auto-evidentemente verdadeiro; mas, se houver alguma dúvida a esse respeito, parece mais sensato admitir que o dualismo é que está errado, e não a pressuposição científica que produziu resultados tão proveitosos em pesquisas científicas até hoje.

Dualismo sem interação

Paralelismo mente/corpo

O dualista pode contornar o problema da interação mente/corpo negando que tal interação ocorra. Há dualistas que afirmam que, embora tanto a mente quanto o corpo existam, não há efetiva interação entre eles. Essa idéia peculiar é conhecida como paralelismo psicofísico. Mente e corpo seguem paralelos como dois relógios acertados no mesmo horário. Quando alguém pisa no meu dedão, sinto dor, mas não porque receba alguma mensagem do meu corpo para a minha mente. É simplesmente que Deus (ou então uma coincidência cosmológica muito assombrosa) acertou meus dois aspectos independentes para que seguissem em paralelo. No momento em que alguém pisa no meu dedão do pé, as coisas foram ajeitadas de tal forma que em minha mente sinto dor, mas um evento não é causa do outro; eles simplesmente ocorrem um imediatamente após o outro.

Ocasionalismo

Outra tentativa igualmente peculiar de explicar essa interação é conhecida como ocasionalismo. Enquanto o paralelismo declara que a aparente ligação entre mente e corpo é uma ilusão, o ocasionalismo admite que existe uma ligação, mas afirma que esta é produzida pela intervenção de Deus. Deus fornece a conexão entre mente e corpo, entre meu dedo sendo machucado e minha sensação de dor, ou entre minha decisão de coçar o nariz e o movimento da minha mão.

Um problema crucial do paralelismo mente/corpo, pelo menos em sua forma mais plausível, e com o ocasionalismo, é que ambos assumem que Deus existe, algo que, como vimos no Capítulo 1, não é de modo algum auto-evidente. Além do mais, é provável que até os teístas achem estas teorias um pouco forçadas.

Epifenomenalismo

Uma terceira abordagem do problema da interação é conhecida como epifenomenalismo. Seus defensores afirmam que, embora os eventos no corpo causem eventos mentais, eventos mentais nunca ocasionam eventos físicos nem dão origem a outros eventos mentais. A mente, então, é um epifenômeno: em outras palavras, é algo que não afeta de modo algum o corpo. O epifenomenalista explica que é ilusão crer que posso erguer a mão por ter pensado em erguê-la. Erguer a mão seria uma ação puramente física que apenas parece ser causada pelo meu pensamento. Todos os eventos mentais são causados diretamente por eventos físicos, mas nenhum evento mental dá origem a eventos físicos.

Como o paralelismo e o ocasionalismo, o epifenomenalismo tem pouca plausibilidade como uma teoria da mente. Suas respostas levantam um sem-número de questões difíceis. Uma dessas questões seria a inexistência do livre-arbítrio: nunca podemos realmente escolher agir, apenas temos a ilusão de agir por escolha. E por que a relação causal ocorre apenas em uma direção — causas físicas gerando efeitos mentais — e não o oposto?

Fisicalismo

Tendo examinado o dualismo mente/corpo junto a suas críticas e variantes, vamos agora dar uma olhada no fisicalismo, corrente que explica os eventos mentais em termos de eventos físicos, geralmente eventos no cérebro. Em contraste com o dualismo mente/corpo, que afirma que há dois tipos básicos de substância, o fisicalismo é uma forma de monismo: é a visão de que existe apenas um tipo de substância, a física. Uma vantagem imediata do fiscalismo sobre o dualismo é sugerir um programa para o estudo científico da mente. Em teoria, pelo menos, seria possível elaborar uma descrição inteiramente física de qualquer evento mental.

Filósofos fisicalistas não tentam descobrir em detalhes como estados cerebrais particulares combinam com pensamentos: isso é para os neuropsicólogos e outros cientistas. Esses filósofos estão interessados principalmente em provar que todos os eventos mentais são físicos, e que o dualismo é, portanto, falso.

Há diversas variedades de fisicalismo, algumas mais abertas a críticas do que outras.

Teoria da identidade de tipo

Essa variedade de fisicalismo afirma que eventos mentais são idênticos a eventos físicos. Um pensamento sobre o tempo, por exemplo, é simplesmente um estado particular do cérebro. Sempre que este estado cerebral particular ocorre, podemos descrever tal ocorrência como pensar sobre o tempo. Isto é conhecido como a teoria da identidade de tipo. Todos os estados físicos de um tipo particular são também estados mentais de um tipo particular.

Para deixar essa posição mais clara, considerem como os termos "água" e "H_2O" referem-se ambos à mesma substância. Usamos "água" em contextos cotidianos e "H_2O" em contextos científicos. Ora, ainda que os termos se refiram à mesma coisa, ambos têm significados ligeiramente diferentes: "água" é usado a fim de chamar atenção para as propriedades básicas da substância, como umidade, e assim por diante; "H_2O" é usado para revelar sua composição química. Poucas pessoas pedem uma jarra de "H_2O" para botar em seu uísque, e no entanto água é "H_2O": ambas são a mesmíssima coisa.

Da mesma maneira, o estalo de um relâmpago é também uma descarga elétrica de um determinado tipo. Usaremos "relâmpago" ou "descarga elétrica" para descrever esse evento dependendo da situação: em uma tempestade com trovoadas ou em uma apresentação científica do fenômeno. Podemos usar o termo cotidiano "relâmpago" sem qualquer consciência de sua análise científica, exatamente como podemos empregar o termo "água" e entender como é ficar molhado sem a consciência da composição química da água.

Ora, para voltar à teoria da identidade mente/cérebro, "um pensamento sobre o tempo" e "um estado particular do cérebro" podem ser dois modos de se referir a precisamente a mesma coisa. As duas expressões descrevem um evento idêntico, mas o significado delas é um tanto diferente. A maioria de nós usaria a descrição mental "um pensamento sobre o tempo" para descrever o processo; porém, segundo a teoria da identidade de tipo, um cientista poderia, em princípio, fornecer uma análise detalhada do estado cerebral que equivale a esse pensamento. E mais, um teórico da identidade de tipo afirmaria que todos os pensamentos assim são na verdade estados cerebrais desse mesmo tipo. Uma vantagem dessa teoria da mente é que ela sugere o tipo padrão que os neuropsicólogos poderiam pesquisar, ou seja, os estudos científicos do cérebro que correspondem a variados tipos de pensamento. Entretanto, há diversas objeções à teoria da identidade de tipo.

Críticas à teoria da identidade de tipo

Falta de conhecimento dos processos cerebrais

Temos conhecimento direto sobre nossos pensamentos, e no entanto a maioria de nós nada sabe sobre processos cerebrais. Há quem veja nisso uma objeção ao fisicalismo: o pensamento não pode equivaler a um processo cerebral porque é possível saber sobre o pensamento sem saber nada sobre neurofisiologia. Todos nós temos acesso privilegiado a nossos pensamentos: isto é, sabemos melhor do que qualquer outra pessoa quais são os nossos pensamentos conscientes; mas o mesmo não ocorre quanto aos estados cerebrais. No entanto, se pensamentos e estados cerebrais são idênticos, deveriam partilhar as mesmas propriedades.

Entretanto, essa objeção não é um problema sério para o fisicalista. Podemos nada saber sobre a composição química da água, e no entanto isso não nos impede de entender o conceito "água" e de reconhecer como ela nos sabe ao paladar quando a bebemos. Do mesmo modo, todos os pensamentos podem ser processos cerebrais, e no entanto não há motivo pelo qual se deva esperar que os pensadores entendam a natureza precisa desses processos a fim de entender seus pensamentos.

Propriedades dos pensamentos e dos estados cerebrais

Se um pensamento sobre minha irmã é idêntico a um certo estado cerebral, segue-se que o pensamento deve estar localizado exatamente no mesmo lugar que o estado cerebral. Mas isto parece um pouco estranho: pensamentos não parecem ter uma localização precisa assim. E, contudo, esta característica seria uma conseqüência da teoria da identidade de tipo. Se eu enxergo um borrão verde fluorescente após ficar olhando por alguns segundos para a luz, essa imagem possui tamanho, cor e forma particulares, e no entanto meu estado cerebral é presumivelmente muito diverso nesses aspectos. Como então a imagem poderia ser idêntica a um estado cerebral específico?

Todo pensamento é sobre alguma coisa

Todo pensamento é sobre alguma coisa: é impossível pensar sobre nada. Se eu penso "Paris é minha cidade preferida", meu pensamento se relaciona a um lugar no mundo real. Mas processos e estados cerebrais não parecem ser sobre alguma coisa: não se relacionam a algo fora deles mesmos, do mesmo modo que os pensamentos.

Qualia:* *como realmente é*

O fisicalismo de tipo, como muitas soluções tentadas para o Problema Mente/Corpo, costuma ser criticado por não levar em conta a experiência consciente: como é realmente estar em um determinado estado. Consciência pode ser difícil de definir, mas certamente inclui sensações, sentimentos, dor, alegria, desejo, e assim por diante. A palavra latina *qualia* às vezes é usada como um termo geral para abranger essas coisas.

Embora possamos falar de "água" e "H_2O" como descrições alternativas da mesma substância, "uma recordação

*Em latim, *qualia* é plural de *qualis*, que quer dizer "qual", "de que tipo", origem da palavra "qualidade" e de suas equivalentes. (*N. do T.*)

de minha primeira visão de Nova York" não pode tão facilmente ser parafraseada como "um certo estado cerebral". A diferença é que, no segundo caso, não estamos lidando com objetos inanimados: há um sentimento particular nessa experiência consciente. No entanto, reduzir esse pensamento a simplesmente um estado cerebral não é uma explicação satisfatória, mas equivale a ignorar um dos fenômenos mais básicos associados à consciência e ao pensamento: a existência dos *qualia*. Para enfatizar esta idéia, considerem a diferença entre os aspectos puramente físicos de uma dor terrível — em termos do comportamento de células nervosas e assim por diante — e a real sensação agônica da dor: a descrição física fracassa completamente em captar o que é realmente experimentar esse estado.

Diferenças individuais

Outra crítica à teoria da identidade de tipo é que ela insiste em que, por exemplo, pensamentos sobre o tempo devem ser todos estados cerebrais do mesmo tipo, mesmo quando são pessoas diferentes que têm esses pensamentos. Porém, é possível que haja bons motivos para se acreditar que os cérebros de diferentes pessoas funcionem de modos ligeiramente diferentes, de forma que estados cerebrais diferentes em pessoas diferentes ainda poderiam dar origem a um pensamento semelhante.

Mesmo isto pressupõe que pensamentos podem ser ordenados: que podemos dizer onde um acaba e o outro começa. Uma suposição básica da teoria da identidade de tipo é que duas pessoas podem ter pensamentos do mesmo tipo. Em uma análise mais atenta, isto parece ser uma suposição dúbia. Se você e eu estamos ambos pensando que o céu escuro está lindo, podemos nos expressar com palavras idênticas. Podemos ambos chamar a atenção para o modo particular como as nuvens estão iluminadas pela lua, e assim por diante. Mas estaremos necessariamente tendo um pensamento do mesmo tipo?

Meu pensamento sobre a beleza do céu não é facilmente isolado do todo de minha experiência de céus noturnos, que é obviamente muito diferente da sua. Ou, ainda, se eu acredito que o autor de *1984* escreveu sob um pseudônimo, e você acredita que Eric Blair escrevia sob um pseudônimo, nós dois partilhamos um pensamento do mesmo tipo? Certamente afirmações de nossas convicções iriam referir-se ao mesmo homem, que era mais habitualmente conhecido nos círculos literários como George Orwell. E, no entanto, não há resposta fácil para essas perguntas. O que elas mostram é a dificuldade de destrinchar nossa vida mental em fatias equivalentes que possam ser comparadas a fatias da vida mental de outras pessoas. Se é impossível determinar quando duas pessoas estão tendo pensamentos do mesmo tipo, então o fisicalismo de identidade de tipo é implausível como uma teoria da mente.

Teoria da identidade de caso

Um modo de contornar algumas destas críticas à teoria da identidade de tipo é fornecido pela teoria da identidade de caso. Como a identidade de tipo, a de caso, outra forma de fisicalismo, afirma que os pensamentos são idênticos a estados cerebrais. Entretanto, diferentemente da teoria de tipo, a teoria da identidade de caso aceita que pensamentos do mesmo tipo não precisam ser todos estados cerebrais do mesmo tipo. Essa teoria usa a distinção lógica entre "tipo" e "caso": essa distinção é mais facilmente explicada através de exemplos. Todos os exemplares do livro *Guerra e paz* são *casos* do *tipo* particular (o romance *Guerra e paz*); se você tem um carro "Fusca" Volkswagen, possui um caso (ou exemplar) do tipo particular (um carro "Fusca"). O tipo é a espécie; o caso é a instância individual da espécie. O que a teoria da identidade de caso afirma é que exemplares individuais de um tipo particular de pensamento não são necessariamente estados físicos do mesmo tipo.

Então, quando penso "Bertrand Russell era um filósofo" hoje, isso pode envolver um estado cerebral diferente de quando tive esse pensamento ontem. Da mesma maneira, para que você tenha esse pensamento, não precisa estar no mesmo estado cerebral em que eu estava em qualquer das duas ocasiões.

Entretanto, a teoria da identidade de caso fica aberta a pelo menos uma crítica importante.

Crítica à teoria da identidade de caso

Mesmos estados cerebrais poderiam dar pensamentos diferentes

Essa simples identidade de caso parece permitir que duas pessoas sejam fisicamente idênticas, até a mínima molécula, e, no entanto, difiram mentalmente por completo. Isto parece tornar o mental também muito independente do físico, tornando o relacionamento entre o físico e o mental um verdadeiro mistério: mais misterioso até do que pelo dualismo mente/corpo.

Entretanto, teóricos da identidade de caso geralmente embutem em sua teoria a noção de subseqüência, ou sobrevinda. Uma propriedade de alguma coisa *sobrevém* à outra propriedade (literalmente, "vem em seguida"), se depende da outra para sua existência. Assim, por exemplo, pode-se dizer que a beleza (supondo-se que seja apenas superficial) sobrevém a atributos físicos: se duas pessoas são fisicamente idênticas, é impossível uma ser bela e a outra não. Se adaptarmos a teoria da identidade de caso, acrescentando-lhe a idéia de que propriedades mentais são subseqüentes a propriedades físicas, isso significa que se as propriedades físicas se mantiverem iguais, as mentais não poderão variar. Em outras palavras, se duas pessoas estiverem no mesmo estado cerebral, terão a mesma experiência mental. Entretanto, isso não significa que, só porque duas pessoas estão tendo a mesma experiência mental, devam estar tendo o mesmo estado cerebral.

Behaviourismo

O behaviourismo proporciona uma saída bem diferente do Problema Mente/Corpo para as teorias dualistas e fisicalistas que examinamos. Os behaviouristas negam por completo a existência da mente. Vamos examinar em detalhes como esses teóricos negam o que para a maioria das pessoa parece óbvio.

Quando descrevemos a dor ou a irritação de alguém, isso não é, afirma o behaviourista, a descrição de uma experiência mental. Em vez disso, é uma descrição do comportamento público da pessoa ou de seu comportamento potencial em situações hipotéticas. Em outras palavras, é uma descrição do que ela faria em tais e tais circunstâncias, isto é, de suas disposições de comportamento. Estar com dor é ter uma tendência a contrair-se, gemer, chorar, gritar, dependendo da intensidade da dor. Estar irritado é tender a gritar, bater os pés no chão e responder grosseiramente às pessoas. Embora falemos sobre nossos estados mentais, de acordo com o behaviourismo isto é só uma maneira taquigráfica de descrever nosso comportamento e nossas tendências a nos comportar de certos modos. Esse modo taquigráfico de descrever o comportamento mental levou-nos a acreditar que a mente é algo à parte: Gilbert Ryle (1900-1976), filósofo behaviourista famoso, em seu livro *O conceito de mente* chamou essa visão dualista de "o dogma do fantasma na máquina", o fantasma sendo a mente, e a máquina, o corpo.

A explicação do behaviourista torna o problema mente/corpo um pseudoproblema, não um problema autêntico. Não há problema em deixar de detalhar a relação entre mente e corpo porque a experiência mental é facilmente explicada em termos de padrões comportamentais. Então, em vez de resolver o problema, os behaviouristas alegam tê-lo dissolvido.

Crítica ao behaviourismo

Fingimento

Uma crítica às vezes feita ao behaviourismo é que não pode estabelecer distinção entre alguém efetivamente com dor e alguém fingindo estar com dor. Se tudo que se diz sobre o mental for reduzido a descrições de comportamento, então não há lugar para uma explicação da diferença entre um ator convincente e alguém que está de fato em sofrimento.

Contra esta objeção, um behaviourista poderia destacar que uma análise disposicional de alguém fingindo estar com dor seria diferente da de alguém efetivamente sofrendo de dor. Embora seu comportamento fosse superficialmente semelhante, haveria com certeza circunstâncias em que eles difeririam. Por exemplo, alguém fingindo estar com dor dificilmente seria capaz de reproduzir todos os acompanhamentos físicos da dor, como mudança de temperatura e sudorese. Da mesma maneira, alguém fingindo estar com dor reagiria muito diferentemente a drogas analgésicas: o fingidor não teria como dizer quando as drogas haviam começado a funcionar, enquanto quem sofre dor se daria conta rapidamente destes efeitos.

Qualia

Uma outra crítica ao behaviourismo é que a teoria não abrange qualquer referência a como é realmente estar em um estado mental particular. Ao reduzir todos os eventos mentais a tendências comportamentais, o behaviourismo deixa os *qualia* fora da equação. É certamente uma crítica importante à teoria a de que ele reduz a experiência da dor a uma disposição para gritar, retrair-se e dizer "Estou com dor". Existe realmente a sensação de como é estar com dor, e esse é um aspecto essencial da vida mental, algo que, no entanto, o behaviourismo ignora.

Como fico sabendo sobre minhas próprias convicções?

De acordo com o behaviourismo, o modo como fico sabendo sobre minhas próprias convicções é o mesmo pelo qual fico sabendo das convicções de outras pessoas, ou seja, pela observação do comportamento. Mas esta é uma imagem imprecisa do que se passa de fato. Talvez seja verdade que eu possa fazer descobertas interessantes sobre o que realmente acredito prestando atenção ao que digo e monitorando o que faço em circunstâncias variadas. Entretanto, não preciso fazer observações acerca de meu próprio comportamento a fim de saber coisas como a minha convicção de que assassinato é errado, ou de que eu vivo neste país. Sei dessas coisas sem precisar agir como um detetive particular investigando meu próprio comportamento. Assim, o behaviourismo não fornece uma explicação satisfatória da diferença entre caminhos para o autoconhecimento e modos de descobrir sobre as convicções de outras pessoas.

Uma réplica possível a essa crítica é que o que eu faço quando estou introspectivo, olhando dentro de mim mesmo, para ver se acredito que, por exemplo, a tortura é cruel, é pensar comigo mesmo: "O que eu diria e faria se soubesse que alguém está sendo torturado?" A resposta a essa pergunta me revelaria então as minhas disposições relevantes. Se isto for verdade, então o behaviourismo está justificado por assumir que não há diferença importante entre descobrir sobre o seu próprio caso e descobrir sobre o de outra pessoa. Entretanto, essa análise da introspecção não é particularmente convincente: ela não combina com minha percepção do que faço quando estou introspectivo.

Dor dos paralisados

Já que o behaviourismo baseia-se inteiramente nas reações ou potenciais reações do indivíduo em questão, isto significa, em uma análise behaviourista, que pessoas completamente paralisadas não podem ter experiência mental. Se não podem e nunca poderão se mover, como podem se comportar de algum modo? Um behaviourista teria de dizer que os totalmente paralíticos não podem sentir dor, uma vez que não demonstram qualquer comportamento de dor. No entanto, pelo testemunho de pessoas que ficaram paralíticas e recuperaram o movimento, sabemos que pessoas paralisadas têm com freqüência uma experiência mental muito rica, e, certamente, a capacidade para sentir dor.

Convicções podem causar comportamentos

Outra crítica ao behaviourismo é que a teoria não admite a possibilidade de que as convicções alheias possam ser a causa de seu comportamento. Em uma análise behaviourista, vestir sua capa de chuva não é efeito da convicção de que está chovendo. Em vez disso, é a tendência a vestir uma capa de chuva que constitui o principal elemento da convicção. Eventos mentais não podem provocar comportamentos porque não existem independentemente dos comportamentos: de acordo com o behaviourismo, eventos mentais são apenas disposições a se comportar de determinados modos. Porém, é certamente verdade que, pelo menos ocasionalmente, nossos eventos mentais produzem certos comportamentos. Ponho minha capa porque acho que vai chover. Mas um behaviourista não poderia usar minha convicção de que vai chover, nem mesmo como uma explicação de meu comportamento, porque minha convicção é na verdade constituída pelo comportamento e por minha disposição a me comportar de determinado modo: a convicção e a ação não são separáveis.

Funcionalismo

O funcionalismo é uma abordagem do Problema Mente/Corpo desenvolvida recentemente. Ela se concentra no papel funcional dos estados mentais: na prática, isso significa concentrar-me nas entradas, nas saídas e a relação entre estados interiores. Um funcionalista define qualquer estado mental em termos de suas relações típicas com outros estados mentais e seus efeitos sobre o comportamento. Assim, um pensamento sobre o tempo é definido em termos de suas relações com outros pensamentos e com o comportamento: o que me leva a ter o pensamento, sua relação com meus outros pensamentos, e o que ele me leva a fazer. Como tal, o funcionalismo se beneficia de alguns dos *insights* do behaviourismo — como a associação íntima entre atividade mental e disposições comportamentais — enquanto admite que eventos mentais podem de fato ser causas de comportamentos.

O funcionalismo pode ser mais facilmente entendido por meio de uma comparação com a relação entre um computador e seus programas. Quando falamos sobre computadores, é conveniente fazer uma distinção entre *hardware* e *software*. O *hardware* de um computador é aquilo de que concretamente é feito: transistores, circuitos, chips de silicone, tela do monitor, teclado e assim por diante. O *software*, por outro lado, é o programa, o sistema de operações que o *hardware* executa. O *software* pode ser adaptado para uso em vários sistemas diferentes. O *software* é geralmente um complicado sistema de instruções ao *hardware* do computador que pode ser executado fisicamente de vários modos diferentes, mas alcançando o mesmo resultado.

O funcionalismo, como teoria da mente, se interessa pelo *software* do pensamento, e não pelo *hardware*. Nisto ele se parece com o behaviourismo. Em contraste, o fisicalismo se interessa por demonstrar a relação entre certos *bits* de *hardware* — o cérebro humano — e um pacote de *software* em particular, o pensamento humano. O funcionalismo não é de modo algum uma teoria sobre o *hardware* do pensamento, embora seja certamente compatível com vários tipos de fisicalismo: ele é neutro sobre em que tipos de sistemas físicos os programas mentais operam. Seu principal interesse é especificar as relações que se mantêm entre diferentes tipos de pensamento e comportamento.

Crítica ao funcionalismo

Qualia: *computadores e pessoas*

Enquanto o funcionalismo é uma teoria da mente extremamente popular entre filósofos, uma crítica freqüente a ele é que não considera a experiência e as sensações conscientes: como é estar com dor, estar feliz, pensar sobre o tempo, e assim por diante.

Uma objeção semelhante costuma ser feita contra o ponto de vista de que computadores podem ter mentes. Por exemplo, o filósofo contemporâneo John Searle (1932-) usou uma experiência de pensamento para destacar a diferença entre um ser humano que compreende uma história e um computador "compreendendo" outra. Imagine que você está trancado em um aposento. Você não entende chinês. Por meio de uma bandeja de correspondência na porta entram vários caracteres chineses impressos em pedaços de cartolina, enquanto sobre uma mesa estão um livro e uma pilha de pedaços de cartolina com outros caracteres chineses. O que você precisa fazer é comparar o caractere chinês no pedaço de cartolina que chegou pela bandeja com um caractere chinês do livro. O livro então indicará um outro caractere, diferente, que faz par com ele. Você deve tirar esse outro caractere da pilha de pedaços de cartolina sobre a mesa e mandá-lo de volta pela bandeja. Fora do aposento, parece que você está respondendo a perguntas sobre uma história em chinês. As cartolinas que entram no aposento são perguntas escritas em chinês; as que você manda de volta são as suas respostas, também em chinês. Mesmo você não entendendo uma palavra de chinês, de fora do aposento parece que você está entendendo a história e dando respostas inteligentes às perguntas que lhe são feitas. No entanto, você não entende a história: está simplesmente manipulando o que para você são caracteres sem sentido.

O chamado programa de computador "inteligente" encontra-se na mesma posição que você na experiência de pensamento do "salão chinês", de Searle. Como você, ele apenas manipula símbolos, sem entender autenticamente a que se referem. Conseqüentemente, se pensarmos no funcionalismo pela analogia do computador, sugerida acima, ele não pode nos dar uma imagem completa da mente. Ele não capta uma compreensão autêntica, tornando-a equivalente a uma manipulação de símbolos.

Outras mentes

Já examinamos a maioria das principais tentativas de resolver o Problema Mente/Corpo. Como vimos, nenhuma teoria da mente é satisfatória por completo. Vamos passar agora a uma outra questão da filosofia da mente, o chamado Problema das Outras Mentes. Como eu sei que os outros pensam, sentem e são conscientes do mesmo modo que eu? Sei com certeza quando estou com dor, mas como posso ter certeza de que alguém mais está? Do modo como vivo a minha vida, pressuponho que as outras pessoas são seres conscientes, capazes de experiências muito semelhantes às minhas. Mas como posso saber disso com certeza? Pelo que sei, os outros poderiam ser robôs altamente sofisticados ou, como às vezes são chamados, autômatos programados para reagir como se tivessem uma vida interior, quando na verdade não têm.

Embora isso possa parecer uma forma de paranóia, é uma pergunta séria a que filósofos dedicam muita atenção. Um estudo revela importantes diferenças entre o modo como chegamos a ficar sabendo sobre nossa própria experiência e o modo como ficamos sabendo sobre a experiência das outras pessoas.

Não é um problema para o behaviourismo

Antes de examinar o modo mais comum de responder a essas dúvidas sobre a experiência das outras pessoas, vale a pena destacar que o problema das outras mentes não se coloca para behaviouristas. Para um behaviourista, é claramente apropriado atribuir experiência mental aos outros, com base em seu comportamento, uma vez que é isso o que a mente é: tendências a se comportar de certos modos em certas situações. Isso dá origem à infame piada behaviourista: dois behaviouristas fazem sexo e depois um diz para o outro — "Foi ótimo para você; e para mim, como foi?"

O argumento por analogia

A resposta mais óbvia à dúvida sobre se outras pessoas são conscientes é um argumento por analogia. Como vimos no Capítulo 1, quando examinamos o Argumento do Desígnio para a existência de Deus, um argumento por analogia se baseia em uma comparação entre duas coisas muito semelhantes. Se uma coisa é semelhante a outra em alguns aspectos, presume-se que também o será em outros.

Há pessoas que se parecem comigo em muitos aspectos importantes: somos todos membros da mesma espécie, com corpos e comportamentos muito semelhantes. Quando experimento uma dor extrema, eu grito, e assim também o faz a maioria dos membros da espécie humana quando estão em situações de dor. O argumento por analogia alega que as semelhanças no corpo e no comportamento no meu próprio caso e nos de outras pessoas são suficientes para que eu infira serem as outras pessoas genuinamente conscientes do mesmo modo como eu sou.

Críticas ao argumento por analogia

Não é uma prova

O argumento por analogia não fornece uma prova conclusiva de que as outras pessoas têm mentes. Argumentos por analogia exigem o apoio de muitas evidências. Mas no caso deste argumento por analogia existe apenas uma única instância — eu mesmo — em que testemunhei a ligação entre um certo tipo de corpo e comportamento e um certo tipo de consciência.

Não somente isto, mas há muitos aspectos em que os corpos e o comportamento de outras pessoas diferem dos meus. Essas diferenças podem ser mais importantes do que as semelhanças: eu poderia usar um argumento por analogia para demonstrar que as diferenças entre meu corpo e meu comportamento e os de outras pessoas indicam uma provável diferença em tipos de experiência mental entre nós. Além disso, argumentos por analogia, sendo indutivos, só podem dar evidência provável para suas conclusões: nunca podem provar algo conclusivamente. Então, na melhor das hipóteses, esse argumento só poderia demonstrar que é bastante provável que outras pessoas tenham mente. Não é uma prova dedutiva, mas, como vimos no capítulo sobre a ciência, não há prova de que o sol se levantará amanhã, e no entanto temos bons motivos para nos sentir seguros de que assim será.

Inverificável

Parece não haver modo algum de mostrar conclusivamente que uma afirmação como "ele está sentindo dor" é verdadeira ou falsa. Só porque alguém grita, não significa que está sentindo o mesmo tipo de coisa que eu quando estou em dor extrema. Pode não haver dor alguma. Qualquer relato verbal de sua experiência é desconfiável: um robô poderia ter sido programado para responder convincentemente nessas circunstâncias. Não há observação possível capaz de confirmar ou refutar a idéia de que aquela pessoa está sentindo dor. Obviamente, o grito seria suficiente, em casos concretos, para confirmar a dor alheia. Mas, de um ponto de vista lógico, o comportamento não dá prova absoluta de dor (embora a maioria das pessoas trabalhe com a pressuposição de que ele *é* confiável).

É claro que podemos achar muito forçado supor que os outros não são conscientes. Então, podemos já ter tanta certeza de que as outras pessoas têm mesmo mentes que não precisaríamos de uma prova conclusiva dessa questão — por certo a maioria de nós age partindo do pressuposto de que elas têm, na maior parte do tempo. O solipsismo, como vimos no capítulo sobre o mundo externo, não é uma posição defensável.

Conclusão

Este capítulo concentrou-se em debate sobre dualismo, fisicalismo e o Problema das Outras Mentes. São questões cruciais na filosofia da mente. Uma vez que a filosofia tem bastante interesse na natureza do pensamento, grande parte dos filósofos, sobretudo os que se especializam na filosofia da mente, privilegiaram o tipo de questões discutidas neste capítulo em boa parte das questões filosóficas. Certamente, muitos dos filósofos mais brilhantes do século XX concentraram suas energias em questões sobre a filosofia da mente. Como resultado, muito do que se escreveu nesta área é altamente sofisticado e técnico. Os livros relacionados a seguir devem lhe dar alguma orientação pelo complicado labirinto de textos sobre este assunto.

Leituras adicionais

A melhor introdução à filosofia da mente é *The Philosophy of Mind*, de Peter Smith e O. R. Jones (Cambridge: Cambridge University Press, 1986): é claro e informativo sobre a maioria dos debates contemporâneos nessa área. *Matéria e consciência*, de P. M. Churchland (São Paulo: Unesp, 2004), é outra introdução útil. *Theories of the Mind*, de Stephen Priest (Londres: Penguin, 1991), faz um levantamento crítico das principais abordagens da filosofia da mente. Também recomendo *The Character of Mind*, de Colin McGinn (Oxford: Oxford University Press, 1982), embora seja bastante difícil em alguns pontos.

The Mind's I, organizado por Douglas R. Hofstadter e Daniel C. Dennett (Londres: Penguin, 1982), é uma coletânea interessante e agradável de artigos, meditações e contos que tratam de idéias filosóficas sobre a mente. Inclui o artigo de John Searle "Minds, Brains, and Programs", em que se discute se computadores podem realmente pensar, o tópico de *Mechanical Mind*, de Tim Crane (Londres: Penguin, 1996). *Modern Philosopy of Mind*, organizado por William Lyons (Londres: J. M. Dent, Everyman, 1995), é outra antologia útil de artigos.

Capítulo 7

Arte

Visitantes de galerias de arte, leitores de romances e poesia, espectadores de peças, balés, filmes ou música em algum momento já se perguntaram o que é a arte, pergunta básica de toda a filosofia da arte. Este capítulo considera diversas respostas e examina um bom número de questões filosóficas sobre a natureza da crítica da arte.

O surgimento de novas formas de arte, como o cinema e a fotografia, além de exposições feitas de pilhas de tijolos ou caixas de papelão, força-nos a pensar sobre os limites do que estamos preparados para chamar de arte. A arte adquiriu significados diferentes de acordo com várias culturas e suas épocas, servindo a propósitos ritualísticos e religiosos ou de pura diversão, bem como para incorporar crenças, medos e desejos cruciais para a cultura em que era produzida. Em tempos mais antigos, o que era considerado como arte parecia estar mais bem definido. No entanto, no final do século XX, parece que atingimos um estágio em que qualquer coisa pode ser considerada uma obra de arte. Se assim é, o que faz com que um objeto, um texto ou uma composição musical mereçam ser chamados de obra de arte?

A arte pode ser definida?

Há uma imensa variedade de obras de arte: pinturas, peças, filmes, romances, composições musicais e de dança parecem ter muito pouco em comum. Isso levou alguns filósofos a afirmar que a arte de todo não pode ser definida. Alegam que é um erro total procurar um denominador comum, uma vez que há variedade demais entre as obras de arte para que uma definição aplicável a todas seja satisfatória. Para servir de apoio a esse argumento, usa-se a idéia de uma semelhança de família, uma noção usada pelo filósofo Ludwig Wittgenstein em *Investigações filosóficas*.

A idéia de semelhança de família

Você pode se parecer um pouco com seu pai, e seu pai pode se parecer com a irmã dele. Entretanto, é possível que você não se pareça em absoluto com a irmã de seu pai. Em outras palavras, pode haver semelhanças que se superpõem entre diferentes membros de uma família sem haver algum aspecto observável que todos tenham em comum. Da mesma forma, muitos jogos se parecem uns com os outros, mas é difícil ver o que paciência, xadrez, rugby e o *tiddlywinks* ["jogo da pulga"] têm em comum.

As semelhanças entre os diferentes tipos de arte podem ser desta natureza: apesar das semelhanças óbvias entre algumas obras de arte, pode não haver aspectos observáveis que todas tenham em comum, nem denominadores comuns. Se assim for, é um erro procurar uma definição geral para a arte. O melhor que podemos fazer é definir uma forma de arte, como o romance, o filme de ficção ou a sinfonia.

Críticas à idéia da semelhança de família

Um meio de provar que esse ponto de vista é falso seria produzir uma definição satisfatória de arte. Examinaremos a seguir um bom número de tentativas. Entretanto, vale a pena notar que, mesmo no caso de semelhanças de família, existe algo que todos os membros de uma família têm mesmo em comum: suas inter-relações genéticas. Nesse sentido, todos os jogos se parecem uns com os outros à medida que têm o potencial de absorver um interesse não-pragmático para jogadores ou espectadores. Ora, embora essa definição de jogos seja muito vaga, e não inteiramente satisfatória, ela não nos ajuda, por exemplo, a distinguir os jogos de atividades como beijar ou ouvir música; isto sugere que essa definição pode ser mais refinada. Se podemos fazê-lo com relação a jogos, não há motivo para abandonar de saída a definição geral para obras de arte. É claro, o denominador comum de todas as obras de arte pode acabar não sendo particularmente interessante ou importante, mas é claramente possível encontrá-lo. Vamos, então, considerar algumas das definições de arte que foram tentadas ao longo do tempo. Examinaremos a teoria da forma significativa, a teoria idealista e a teoria institucional da arte.

A teoria da forma significativa

A teoria da forma significativa, popular no início do século XX, encontra seu maior expoente no crítico de arte Clive Bell (1881-1964). Seu livro *Art* se inicia com a pressuposição de que todas as obras de arte genuínas produzem uma emoção estética no espectador, ouvinte ou leitor, emoção diversa das emoções da vida cotidiana, isenta de preocupações práticas.

O que há nas obras de arte para que levem as pessoas a reagir desse modo? Por que as obras de arte evocam essa emoção estética? A resposta dada por Bell é que todas as obras de arte genuínas partilham uma qualidade conhecida como "forma significativa", uma expressão cunhada por ele. Forma significativa é uma certa relação entre partes, ou seja, os aspectos distintivos da estrutura de uma obra de arte, em vez de seu tema. Embora seja um costume aplicar essa teoria apenas às artes visuais, ela pode igualmente ser tomada como uma definição de todas as artes. Assim, por exemplo, um teórico da forma significativa, considerando o que torna a pintura de um par de botas velhas, por Van Gogh, uma obra de arte, indicaria a combinação de cores e texturas que possui forma significativa e, portanto, produz a emoção estética em críticos sensíveis.

Forma significativa é uma propriedade indefinível que críticos sensíveis conseguem reconhecer intuitivamente em uma obra de arte. Infelizmente, críticos insensíveis são incapazes de perceber a forma significativa. Divergindo, por exemplo, dos teóricos institucionais discutidos mais adiante, Bell acreditava que arte fosse um conceito estimativo: chamar algo de obra de arte não é apenas classificá-lo, mas também enunciar seu valor. Toda obra de arte autêntica, de todas as eras e de todas as culturas, possui forma significativa.

Críticas à teoria da forma significativa

Circularidade

O argumento para a teoria da forma significativa soa circular no sentido de que seus conceitos-chave são definidos cada um em relação ao outro. Forma significativa é simplesmente o conjunto daquelas propriedades formais de uma obra que fazem brotar a emoção estética, que só pode ser entendida como a emoção sentida na presença da forma significativa. Isto é insatisfatório. Se não temos como escapar a essa circularidade da definição, a teoria permanecerá sem ser informativa. Precisamos de algum meio independente de reconhecer ou a forma significativa ou a emoção estética. Sem esse critério independente para uma coisa ou a outra, a teoria tem em seu cerne uma definição viciosamente circular. É como procurar a palavra "sim" no dicionário para encontrá-la definida como "o oposto de 'não'"; e então procurar "não" e encontrá-lo definido como "o oposto de 'sim'".

Irrefutabilidade

Mais uma objeção à teoria é que ela não pode ser refutada. Uma pressuposição da teoria da forma significativa é que existe apenas uma emoção experimentada por todo genuíno apreciador de arte ao apreciar autênticas obras. Entretanto, isto é extremamente difícil, se não impossível, de provar.

Se alguém alude a uma experiência de obra de arte, mas sem a emoção estética, Bell diria que essa pessoa estava equivocada: ou não a experimentou plenamente, ou não era um crítico sensível. Mas dizer isto é assumir o que se espera que a teoria prove: que existe de fato uma emoção estética produzida por obras de arte autênticas. A teoria, então, parece irrefutável. E muitos filósofos acreditam que, se uma teoria é logicamente impossível de ser refutada porque toda observação possível a confirmaria, trata-se de uma teoria sem sentido. Do mesmo modo, se indicarmos algo que consideramos ser uma obra de arte sem evocar a emoção estética em um crítico sensível, um teórico da forma significativa alegará que não se trata de uma obra de arte genuína. Mais uma vez, não há observação possível capaz de demonstrar erros na teoria.

A teoria idealista

A teoria idealista da arte, dada em sua formulação mais convincente por R. G. Collingwood (1889-1943) em seu *Principles of Art*, difere das outras teorias da arte ao afirmar que a obra real não é física, mas uma idéia ou emoção na mente do artista. Essa idéia recebe uma expressão física imaginativa e é modificada através do envolvimento do artista com um meio artístico particular, mas a obra de arte mesma permanece na mente do artista. Em algumas versões da teoria idealista, é dada grande ênfase a que a emoção que está sendo expressada seja sincera. Isso embute um forte elemento estimativo na teoria.

A teoria idealista distingue arte de ofício. Obras de arte não servem a qualquer propósito particular, mas são criadas através do envolvimento do artista com um veículo artístico particular, como tinta a óleo ou palavras. Em contraste, objetos de ofício são criados para um propósito particular, e o artesão já começa com um projeto, em vez de ir criando o objeto no processo. Então, por exemplo, uma pintura de Picasso não serve a qualquer propósito particular nem possuía um propósito predeterminado, até onde sabemos, enquanto a mesa à qual estou sentado serve a uma função muito óbvia e foi construída de acordo com um projeto pré-existente, uma planta ou esquema. A pintura é uma obra de arte; a mesa, uma obra de ofício. Isto não significa que obras de arte não podem conter esses elementos artesanais: claramente, muitas grandes obras de arte de fato os contêm. Collingwood afirma explicitamente que as duas categorias – arte e ofício — não são mutuamente exclusivas. Ou melhor, nenhuma obra de arte é apenas um meio para um fim.

A teoria idealista contrasta obras de arte genuínas com a mera arte de divertimento, arte feita com o propósito de divertir ou despertar emoções particulares. A arte genuína não tem propósitos: é um fim em si mesma. A arte de divertimento é um ofício, portanto inferior à arte propriamente dita. Da mesma maneira, a assim chamada arte puramente religiosa é considerada um ofício, pois foi feita para um propósito.

Críticas à teoria idealista

Estranheza

A principal objeção à teoria idealista é a estranheza de considerar as obras de arte como idéias na mente, em vez de objetos físicos. Isto significa que, quando vamos a uma galeria de arte, só o que estamos vendo são vestígios das reais criações do artista. Essa é uma opinião difícil de aceitar, embora seja mais plausível nos casos de obras de arte literárias e musicais, onde não há um objeto físico isolado que possamos chamar de obra de arte.

Limitada demais

Uma segunda objeção a essa teoria é que ela é limitada demais, categorizando muitas obras de arte estabelecidas como apenas obras de ofício, não de arte propriamente dita. Muitos grandes retratos foram feitos a fim de guardar um registro da aparência do modelo; muitas grandes peças foram escritas a fim de divertir. Isso significa que, por terem sido criados com um propósito específico em mente, não podem ser obras de arte? E quanto à arquitetura, que é tradicionalmente uma das Belas-Artes? A maioria das construções foi criada para um propósito específico, mas não podem ser consideradas obras de arte segundo essa teoria.

A teoria institucional

A chamada teoria institucional da arte é uma tentativa recente de autores como o filósofo contemporâneo George Dickie (1936-) de explicar como elementos variados como a peça *Macbeth*, a Quinta Sinfonia de Beethoven, uma pilha de tijolos, um mictório rebatizado de "Fonte", o poema *The Waste Land*, de T. S. Eliot, as *Viagens de Gulliver*, de Swift, e fotografias de William Klein possam ser todas consideradas obras de arte. A teoria afirma que possuem dois aspectos em comum.

Primeiro, são artefatos: isto é, foram trabalhados em alguma medida por seres humanos. "Artefato" é usado de um modo bastante livre — até mesmo pedaços de madeira lançados à praia e recolhidos poderiam ser considerados artefatos se alguém os exibisse em uma galeria de arte. Colocá-los em uma galeria, a fim de levar as pessoas a encará-los de um certo modo, equivaleria a trabalhar neles. De fato, essa definição de artefato é tão livre que não acrescenta nada de significativo ao conceito de arte.

Segundo, e mais importante, todas receberam o status de obra de arte da parte de algum membro ou membros do mundo da arte, como um dono de galeria, um editor, um produtor, um regente, um artista. Em todos os casos, alguém com a autoridade apropriada fez o equivalente a batizá-las como "obra de arte", conferindo ao artefato o status de "candidato a apreciação".

Isto sugere que obras de arte são simplesmente o que determinadas pessoas chamam de obras de arte, uma alegação circular. De fato, não fica muito longe disso. Entretanto, os membros do mundo da arte não precisam efetuar nenhum tipo de cerimônia para batizá-las como tal; na verdade eles não precisam nem mesmo chamá-la de obra de arte: é suficiente que tratem o trabalho como arte. A teoria institucional afirma portanto que alguns indivíduos e grupos em nossa sociedade têm a capacidade de transformar qualquer artefato em uma obra de arte por meio de uma simples ação de "batizado", que pode assumir a forma de atribuição de status ao objeto, como "arte", mas que mais freqüentemente importa em publicar, exibir ou executar a obra. Os próprios artistas podem ser membros desse mundo da arte. Todos os membros dessa elite têm o equivalente à capacidade do rei Midas: transformar em ouro tudo em que tocam.

Críticas à teoria institucional

Não distingue a boa arte

Às vezes afirma-se que a teoria institucional é uma teoria fraca porque ela parece justificar os objetos mais pretensiosos e superficiais como dignos de exibição. Se eu fosse membro do mundo da arte, poderia, exibindo-o em uma galeria, transformar meu sapato esquerdo em uma obra de arte.

É certamente verdade que a teoria institucional admite que quase tudo pode virar obra de arte. Batizar algo como obra de arte não significa que seja uma *boa* obra de arte nem, aliás, uma obra de arte de má qualidade. Só torna o objeto obra de arte no sentido classificatório: em outras palavras, coloca-o na classe de coisas que chamamos assim. Isto difere do modo com que costumamos usar a palavra "arte", não só para classificar, mas também para sugerir que algo é bom de alguma maneira. Às vezes também usamos a expressão metaforicamente para falar de coisas que não são de todo obras de arte; por exemplo, quando dizemos algo como "essa omelete é uma obra de arte". A teoria institucional nada tem a nos dizer sobre qualquer desses usos estimativos da palavra "arte". É uma teoria sobre o que todas as obras de arte — boas, ruins e indiferentes — têm em comum. Trata apenas do sentido classificatório de "arte". Portanto, a imagem dos membros do mundo da arte tendo o toque de Midas é inadequada. O uso é valioso; mas, segundo a teoria institucional, não precisa haver valor intrínseco em uma obra de arte.

Entretanto, a maioria das pessoas que se perguntam "O que é arte?" está interessada não apenas no que chamamos de arte, mas em por que valorizamos alguns objetos mais que outros. Tanto a teoria da forma significativa quanto a idealista são parcialmente estimativas: de acordo com elas, chamar um objeto de obra de arte é dizer que ele é bom de alguma maneira, seja porque tem forma significativa, seja porque é a expressão artística sincera de uma emoção. A teoria institucional, entretanto, não fornece respostas a perguntas estimativas sobre arte, mas é extremamente aberta quanto ao que pode ser considerado como arte. Alguns encaram isto como sua maior virtude; outros, como o seu mais sério defeito.

Circularidade

Muitos acreditavam que a teoria institucional era circular. Em sua forma mais rudimentar, a teoria parece dizer que é arte qualquer coisa que um certo grupo de pessoas do mundo artístico resolver chamar de arte. O que torna essas pessoas membros desse grupo é que elas têm a capacidade de conferir esse status. "Obra de arte" e "membro do mundo artístico" são definidos, então, cada qual em relação ao outro.

Entretanto, um defensor da teoria institucional destacará que, embora talvez circular em certo sentido, a teoria não é *viciosamente* circular. A teoria não é tão não informativa quanto o sumário do parágrafo anterior pode sugerir. Defensores da teoria institucional têm muito a dizer sobre a natureza do mundo da arte, sua história e seus variados modos de operar: não obstante, a teoria parece de fato menos informativa do que a maioria. Isso acontece porque não é dito por que um membro do mundo artístico poderia escolher conferir o status de obra de arte a um objeto em vez de a outro.

Que critérios o mundo da arte usa?

Talvez a objeção mais reveladora à teoria institucional seja a que foi feita pelo filósofo contemporâneo e ensaísta Richard Wollheim (1923-2003): ainda que concordemos que membros do mundo artístico têm o poder de denominar alguns objetos de "arte" e não outros, deve haver um motivo para tais decisões. Se eles não operam com base em qualquer lógica, por que a categoria de arte deveria ser de algum interesse para nós? E, se de fato têm razões, são elas que determinam se algo é arte ou não. A análise dessas razões seria muito mais interessante e informativa de que a bastante vazia teoria institucional. Se pudéssemos identificar essas razões, a teoria institucional seria desnecessária.

Entretanto, a teoria institucional pelo menos enfatiza que o que torna alguma coisa uma obra de arte é uma questão cultural dependente de instituições sociais em ocasiões particulares, em vez de depender de algum cânone atemporal. Teorizações recentes sobre a definição de arte tendem a dar ênfase aos aspectos históricos.

Crítica da arte

Outra área importante de debate filosófico sobre as artes concentrou-se nos métodos e justificativas de vários tipos de ensaística sobre arte. Um dos debates cruciais nessa área tratou das intenções declaradas de um artista e sua relevância para a interpretação crítica de uma obra de arte.

Antiintencionalismo

Os antiintencionalistas afirmam que devemos considerar apenas as intenções incorporadas na própria obra de arte. Trechos de diários, entrevistas com o artista, manifestos artísticos e assim por diante não são elementos diretamente relevantes para o ato de autêntica interpretação crítica. Essas informações são mais relevantes para um estudo sobre a psicologia do artista. A psicologia é uma disciplina interessante em si mesma, e pode nos dizer muito sobre as origens de obras de arte. Mas a origem de uma obra não deveria ser confundida com seu significado. A crítica deveria tratar apenas de evidências *internas* à obra (i. e., contidas dentro dela). Declarações pessoais sobre o que o artista tinha em mente são *externas* à obra e portanto irrelevantes para uma crítica genuína. Antiintencionalistas, como os críticos William Wimsatt (1907-1975) e Monroe Beardsley (1915-1980), escrevendo nos anos 1940, chamam o suposto erro de apoiar-se em evidências externas de Falácia Intencional.

Esta posição antiintencionalista é usada para defender leituras atentas de textos literários e análises rigorosas de obras de arte. Baseia-se na idéia de que obras de arte em certo sentido são públicas e que, uma vez criadas, não há mais controle interpretativo do artista sobre sua obra.

Uma alegação semelhante foi feita mais recentemente, em termos metafísicos, por autores que, como Roland Barthes (1915-1980), declararam a morte do autor: alegam que, uma vez que um texto literário é tornado público, cabe ao leitor interpretá-lo, estando isento o autor de uma posição privilegiada a esse respeito. Uma conseqüência desse ponto de vista é que os textos são considerados mais importantes do que os autores que os produzem, e o papel do crítico é enaltecido. O significado dos textos é determinado pela interpretação do leitor em vez de pelas intenções do escritor. A visão antiintencionalista é, portanto, uma alegação sobre quais aspectos de uma obra são relevantes para sua avaliação crítica.

Críticas ao antiintencionalismo

Visão equivocada da intenção

Uma crítica à posição do antiintencionalista é que se baseia em uma visão equivocada do que são as intenções, tratando-as como eventos mentais que ocorrem previamente ao ato criativo. De fato, muitos filósofos acreditam que intenções estão tipicamente envolvidas em nossos atos, não sendo facilmente deles separadas. Logo, quando intencionalmente acendo a luz, não preciso de um evento mental antes de estender a mão para o interruptor: este pode ocorrer ao mesmo tempo em que estendo a mão, e o próprio ato de levar a mão ao interruptor incorpora a intenção.

Entretanto, este não é realmente um argumento satisfatório contra o antiintencionalismo, uma vez que aquilo a que o antiintencionalista se opõe não é simplesmente à crítica baseada em intenções, mas, em vez disso, a baseá-la em qualquer coisa *externa* à obra de arte. Os antiintencionalistas ficam felizes em tratar intenções que estão de fato incorporadas à obra como relevantes para a crítica.

Ironia

Outra objeção mais eficaz ao antiintencionalismo é a de que certos tipos de recurso artístico, assim como a ironia, exigem uma apreciação das intenções do artista. Em muitos casos, serão intenções do tipo externo.

Ironia é afirmar ou descrever algo querendo dizer o seu oposto. Por exemplo, quando um amigo diz "Está um dia lindo", pode não ser óbvio se isso está sendo dito literal ou ironicamente. Um meio de decidir seria examinar o contexto — estava chovendo a cântaros, por exemplo? Outro seria prestar atenção ao tom de voz. Mas, se nenhuma dessas evidências decidiu a questão, um meio óbvio de descobrir seria perguntar ao falante se aquilo foi dito com intenção irônica: em outras palavras, recorrer a intenções do tipo externo.

Em alguns usos de ironia em arte, evidências externas à obra podem ser bastante úteis para decidir seu significado. Não parece razoável desprezar essa fonte de informação sobre a obra. Um antiintencionalista contestaria que, se a ironia não é prontamente compreensível em uma análise rigorosa da obra, não é relevante para a crítica, uma vez que a crítica trata daquilo que é público. Qualquer ironia que se apóia nas invenções externas do artista é como um código secreto: não importa muito.

Visão muito estreita da crítica da arte

Uma terceira objeção ao antiintencionalimo é que representa uma visão muito estreita do que é a crítica da arte. A boa crítica da arte fará uso de qualquer evidência disponível, seja interna ou externa à obra em questão. É restritivo, para a crítica, o estabelecimento de regras duras e inflexíveis a respeito de que tipo de evidências podem ser usadas para apoiar comentários críticos.

Execução, interpretação, autenticidade

A execução de obras de arte pode levantar diversas dificuldades filosóficas, em certos sentidos semelhantes às envolvidas na prática da crítica de arte. Cada execução é uma interpretação daquela obra. Há dificuldades particulares que surgem quando a obra de arte é de um período muito anterior. Aqui, vou considerar o caso da execução da música de séculos anteriores como um exemplo, mas argumentos semelhantes podem ser usados sobre, por exemplo, interpretações historicamente exatas de peças de Shakespeare.

Autenticidade histórica em execução

Em anos recentes, houve um grande aumento do número de concertos e gravações em que músicos tentavam produzir sons historicamente autênticos, ou seja, tocar o tipo de instrumento disponível na época em que a música foi escrita, em vez de em seus descendentes modernos. Então, por exemplo, uma orquestra que vise a uma interpretação historicamente autêntica dos "Concertos de Brandenburgo", de Bach, desprezaria instrumentos modernos e tocaria, em vez disso, com os tipos de instrumentos disponíveis no tempo de Bach, com seus sons e limitações característicos. O regente buscaria tanta pesquisa histórica quanto possível para descobrir os tempos e o estilo de interpretação típicos no tempo de Bach. O objetivo dessa execução seria produzir o mais fielmente possível os sons que as primeiras platéias de Bach teriam ouvido.

Embora sejam claramente de grande interesse para um historiador da música, essas execuções levantam um bom número de importantes perguntas filosóficas sobre o status de diferentes interpretações de uma obra de arte. Usar a palavra "autênticas" para descrevê-las sugere que as interpretações em instrumentos modernos não são autênticas: isto implica que haja algo significativamente melhor nas interpretações "autênticas". O que levanta a seguinte pergunta: as interpretações musicais deveriam objetivar sempre esse tipo de autenticidade histórica? Há um bom número de objeções a isso.

Críticas à autenticidade histórica nas execuções

Fantasia de viagem no tempo

Uma crítica ao movimento de interpretação autêntica é que uma interpretação historicamente autêntica nunca pode ser conseguida. O que a motiva é uma tentativa ingênua de viajar no tempo para ouvir sons que o compositor teria ouvido. Mas o que os intérpretes "autênticos" esquecem é que, embora possamos recriar com sucesso os instrumentos de uma época anterior, não podemos simplesmente apagar as impressões da evolução musical. Em outras palavras, jamais poderemos ouvir música com ouvidos historicamente autênticos. Ao ouvir Bach hoje, estamos conscientes dos principais progressos musicais desde a sua época, estamos familiarizados com os sons de instrumentos modernos tocados com técnicas modernas. Ouvimos música atual e conhecemos o tom do piano moderno melhor que o do cravo.

Em conseqüência, a música de Bach tem um significado completamente diverso para o ouvinte atual do que tinha para suas platéias originais.

Visão simplista da interpretação musical

Uma outra crítica a essa busca de uma interpretação historicamente autêntica é que ela envolve uma visão simplista da interpretação musical, tornando o julgamento de valor de uma interpretação particular dependente apenas de considerações históricas, em vez de outras artisticamente relevantes. Ou seja, limita severamente o âmbito do intérprete para a interpretaçãos criativa de uma partitura e cria um museu de interpretações musicais em vez de permitir aos intérpretes de cada nova geração a possibilidade de uma interpretação nova e provocativa da obra do compositor, uma interpretação que leve em conta tanto a história da música quanto a história da interpretação daquela peça em particular.

Interpretações históricas podem perder o espírito

Uma preocupação exagerada com a precisão histórica pode prejudicar a interpretação de uma peça musical. Um intérprete cujo maior interesse é a história pode muito bem não conseguir fazer justiça à obra do compositor: há muito a se dizer a favor de uma interpretação sensível que busque captar o espírito da obra do compositor em vez de reproduzir os sons originais. Este é um tipo diferente de autenticidade: é uma autenticidade de interpretação, fazendo equivaler "autenticidade" a "sinceridade artística", em lugar de precisão histórica.

Falsificações e valor artístico

Outra pergunta sobre autenticidade que levanta questões filosóficas é a de se uma pintura original é de valor artístico maior que uma falsificação perfeita. Aqui, vou considerar apenas falsificações de pinturas, mas pode haver falsificações de qualquer tipo de obra de arte que constitua um objeto físico: por exemplo, uma escultura, uma gravura, uma fotografia, e assim por diante. Cópias de romances, poemas e sinfonias não são encaradas como falsificações. Entretanto, manuscritos originais podem ser forjados e imitações do estilo de um autor ou compositor particular podem passar por autênticas.

Para início de conversa, é importante distinguir entre tipos diferentes de falsificação. Os dois tipos básicos são a cópia perfeita e a pintura no estilo de um artista famoso. Uma cópia exata da Monalisa seria uma falsificação do primeiro tipo; as pinturas do falsário Van Meegeren, no estilo de Vermeer, que na verdade enganaram a maioria dos especialistas, são exemplos de segundo tipo — não havia um original do qual elas foram copiadas. Obviamente, apenas o manuscrito real de uma peça, romance ou poema poderia ser falsificado no primeiro sentido. Entretanto, falsificações do segundo tipo, por exemplo, de peças de Shakespeare, poderiam ser feitas por alguém imitando, de modo astuto, o estilo de um autor.

Falsificações deveriam ser tratadas como obras de arte significativas por seus próprios méritos? Se o falsário é capaz de produzir obras que convencem os especialistas de que são do artista original, ele seria tão habilidoso e capacitado quanto o artista original, devendo ser tratado como um igual. Há argumentos tanto a favor quanto contra esta posição.

Preço, esnobismo, relíquias

Talvez sejam apenas os interesses financeiros do mundo da arte, a obsessão com o valor de uma pintura, que leva as pessoas a valorizar os originais mais que as boas falsificações. Se existe apenas um exemplar único de cada pintura, os leiloeiros de arte podem vender cada uma por um preço muito elevado, como um objeto único. Isto é às vezes conhecido como o "Efeito Sotheby's", por causa dos famosos leiloeiros de arte. Se há muitos exemplares de uma pintura, o preço de cada um deve cair, sobretudo se o original for considerado nada diferente em status das cópias. Isto, com efeito, poria as pinturas na mesma posição das gravuras.

Ou talvez não seja só o aspecto financeiro do mundo da arte, mas também o esnobismo dos colecionadores de arte que dão ênfase às pinturas originais em detrimento das cópias. Colecionadores gostam de possuir um objeto ímpar: para eles, pode ser mais importante possuir um esboço original de Constable do que possuir uma cópia perfeita dele, simplesmente por uma questão de valor esnobe, em vez de artístico.

Uma outra motivação para possuir originais se refere ao seu atrativo como relíquias. Relíquias são fascinantes por causa de sua história: um pedaço da Vera Cruz (a cruz em que Cristo foi crucificado) teria um fascínio especial comparado com outros indistinguíveis pedaços de madeira, simplesmente porque se acredita ter estado em contato direto com a carne de Cristo. Semelhantemente, um Van Gogh original pode ser valorizado por ter sido um objeto em que o grande pintor tocou, ao qual deu atenção, no qual imprimiu seu esforço artístico, e assim por diante.

Preço, valor esnobe e valor como relíquia pouco têm a ver com mérito artístico. O primeiro tem a ver com raridade, as flutuações dos gostos dos colecionadores e as manipulações dos *marchands* de arte; o segundo é uma questão de rivalidade social; o terceiro, psicológico, refere-se à difundida preferência por obras de arte originais sobre boas falsificações — enquanto talvez as boas falsificações sejam tão *artisticamente* significativas quanto os originais. Entretanto, há vários fortes argumentos contra essa opinião.

Falsificações perfeitas

Um motivo para preferir originais a falsificações é que nunca se pode ter certeza de que uma peça falsa é realmente uma peça perfeita. Só porque uma falsificação de um Van Gogh é boa o suficiente para enganar os peritos hoje, isso não significa que enganará peritos futuros. Se diferenças podem se tornar viáveis em um estágio posterior, nunca podemos ter certeza de que uma falsificação é perfeita. Então, mesmo que acreditemos que uma falsificação perfeita seria de mérito artístico igual ao do original, em alguma instância real de um falso nunca estaremos seguros de que o falso é realmente uma cópia exata.

Contra essa opinião vale a pena destacar que os tipos de diferença perceptíveis entre falso e original serão geralmente de bem menor importância. É implausível supor que poderão alterar substancialmente nossas opiniões sobre o valor artístico da pintura.

Obras de arte versus *artistas*

Mesmo que alguém produzisse um quadro que não pudesse ser diferenciado de um Cézanne, essa seria uma realização muito diferente da do próprio Cézanne. Boa parte do que valorizamos na realização de Cézanne é não apenas a produção de uma bela pintura isolada, mas, em vez disso, o modo como ele criou um estilo original em toda uma série de pinturas. Sua originalidade é parte de sua realização, assim como o modo em que as diferentes pinturas que ele produziu durante sua vida contribuem para nosso entendimento de cada imagem individual de sua autoria. Só podemos apreciar plenamente sua realização artística se pudermos colocar cada pintura no contexto de sua produção inteira.

Ora, embora um falsário possa ter as habilidades mecânicas como pintor que Cézanne tinha, a realização de Cézanne não deveria ser reduzida à sua habilidade como artesão. O falsário, em seu copiar servil, nunca pode esperar ser um grande pintor, porque o falsário não pode ser original do modo como Cézanne foi.

No caso de um falsário produzindo obras no estilo de Cézanne (falsificações do segundo tipo) em vez de cópias concretas de pinturas reais, pode haver mais motivos para comparar o mérito artístico das falsificações com o das pinturas de Cézanne. Mas, mesmo nesse caso, o falsário estaria copiando um estilo, em vez de criá-lo, e tendemos a valorizar a criatividade do artista original sobre a habilidade de um imitador. Criatividade é um aspecto importante do mérito artístico.

Isto mostra que certamente não deveríamos considerar o falsário em pé de igualdade com o artista original só porque ele é capaz de produzir uma falsificação convincente. Mas mesmo assim, no caso de uma cópia de uma pintura original, ainda poderíamos apreciar o mérito artístico de Cézanne olhando para a cópia. Então, este não é um argumento contra o mérito artístico de falsários. A cópia deveria nos permitir ver a evidência do gênio de Cézanne, e não a do falsário.

O argumento moral

O que há realmente de errado com as falsificações é que, por sua natureza, envolvem uma tentativa de enganar quem as olha sobre suas origens. Uma falsificação não seria uma falsificação sem a intenção de enganar: seria uma cópia, ou uma tentativa de reproduzir o estilo de outro artista — o que é conhecido como *pastiche*. É particularmente por causa do engano envolvido — o equivalente a contar uma mentira — que as falsificações são inferiores às obras originais. Entretanto, pode haver bons motivos para manter algumas questões morais e artísticas em separado: mesmo se uma falsificação brilhante envolve logro e engano, pode ser considerada ainda impressionante como obra de arte.

Conclusão

Neste capítulo considerei uma variedade de questões filosóficas sobre arte e crítica de arte, indo de questões sobre a definição da arte a questões sobre o status estético das falsificações. Muita conversa sobre arte por parte de artistas, críticos e espectadores interessados é confusa e ilógica. Empregar rigor filosófico e insistir em clareza de argumentação nessa área só pode melhorar as coisas. Como em todas as áreas da filosofia, não há garantia de que um argumento claro fornecerá respostas convincentes para as perguntas difíceis, mas de fato aumenta as chances para que isso aconteça.

Leituras adicionais

Aesthetics: An Introduction to the Philosophy of Art, de Anne Shepard (Oxford: Oxford University Press, 1987), é uma útil introdução geral a esta área, tal como *Philosophy of the Arts*, de Gordon Graham (Londres: Routledge, 1997). *Philosophical Aesthetics: An Introduction*, organizado por Oswald Hanbling (Oxford: Blackwell, 1992), cobre muitos tópicos deste capítulo em maiores minúcias. Faz parte do curso AA301, *Philosophy of the Arts*, da Open University. Mais detalhes sobre esse curso podem ser obtidos por meio do Course Enquiry Service, The Open University, FREEPOST, PO BOX 625, Milton Keynes, MK7 6AA, UK.

Arguing About Art, de Alex Neill e Aaron Ridley (organizadores.) (Nova York: McGraw-Hill, 1995), é uma boa coletânea de artigos sobre questões contemporâneas em filosofia da arte. Os autores também organizaram uma antologia mais abrangente de textos desta área em *The Philosophy of Art: Readings Ancient and Modern* (Nova York: McGraw-Hill, 1995).

Teoria da literatura: uma introdução, de Terry Eagleton (São Paulo: Martins Fontes, 1983), fornece um exame interessante de alguns dos progressos em filosofia da literatura, embora sua ênfase seja mais na tradição teórica continental do que na anglo-americana.

Sobre o tópico da autenticidade na música antiga, recomendo *Authenticity and Early Music*, de Nicholas Kenyon (org.) (Oxford: Oxford University Press, 1988).

The Forger's Art, de Denis Dutton (Berkeley, Cal.: University of California Press, 1983), é uma fascinante coletânea de artigos sobre o status das falsificações.

Índice remissivo

Este livro foi impresso nas oficinas da
DISTRIBUIDORA RECORD DE SERVIÇOS DE IMPRENSA S.A.
Rua Argentina, 171 – Rio de Janeiro, RJ
para a
EDITORA JOSÉ OLYMPIO LTDA.
em outubro de 2008

*

76º aniversário desta Casa de livros, fundada em 29.11.1931